José R. Ayllón

El arte de contar historias

José R. Ayllón

El arte de contar historias

BIBLIOTHECA
HOMO
LEGENS

A Carmen, tan alta,
cada una de las páginas de este libro.

Creo que perder la belleza es peligroso, pues con ella perdemos el sentido de la vida. Y no estamos hablando de un capricho subjetivo, sino de una necesidad universal de los seres humanos. Sin la belleza, la vida es ciertamente un desierto espiritual.

Roger Scruton

El escritor que no ha torturado sus frases tortura al lector.

Gómez Dávila

BIBLIOTHECA HOMO LEGENS

Calle Nicasio Gallego, 9
28010 Madrid
91 005 35 54
www.homolegens.com

ISBN: 978-84-19349-89-7
Depósito legal: M-6506-2025

Ilustraciones y portada: Elena Esteve
Diseño de la portada: Álex H. Poles
Maquetación: Daniel Laks

Impreso en España - Printed in Spain

ÍNDICE

INTRODUCCIÓN

Entras en la cocina literaria y saboreas cómo se perfilan los personajes, cómo avanza el argumento, cómo se pinta un paisaje, qué papel juegan los recursos estilísticos... Siempre con ejemplos tomados de los clásicos, de obras y autores que, además de entretener y seducir, tienen la virtud impagable de iluminar el camino, ordenar las ideas y poner los sentimientos en su sitio.

Estas páginas picarán tu curiosidad por esos escritores y textos que hablan a la cabeza y al corazón de cualquier persona en cualquier tiempo y lugar; que tocan el fondo de la condición humana, lejos de la moda pasajera y del simplismo ideológico. Si alguna vez te has preguntado qué autores y libros conviene rescatar y atesorar, aquí tienes un buen puñado.

No empiezas un manual de estilo, sino un paseo por la mejor literatura, donde tiene un puesto de honor la española. El arte de escribir es, además, pariente próximo del arte de hablar y dominar la expresión oral.

Este pequeño libro debe mucho a los certeros consejos de Francisco Florit, Isabel Carril, Diego Pereda, Eva Ruiz, Francisco Pescador y Carmen Ayllón. Desde aquí les reitero mi sincero agradecimiento.

I
CONTAR HISTORIAS

La primera literatura —cuentos, mitos, leyendas— salvó a los primeros hombres de morir de frío. El fuego y las historias se inventaron al mismo tiempo y daban el mismo calor. Esa literatura oral, muy anterior a la escritura, es la medicina más antigua del mundo. Antes de depositarse sobre tablillas de arcilla, sosegó almas. Y lo sigue haciendo cada vez que una madre se inclina sobre su hijo adormecido para contarle un cuento o cantarle una cancioncilla. Tanto la voz como su escritura viajan desde la soledad de una persona a la soledad de otra, poblando el camino con significados y eliminando ambas soledades.

Christian Bobin
Autorretrato con radiador

Las luminosas palabras que acabas de leer aseguran que estamos hechos para la comunicación cordial y la belleza, de la que dijo Stendhal que es una promesa de felicidad. Esa debe ser la razón por la que nunca nos cansamos de contemplar la primavera y el otoño, de escuchar a Mozart y a Bach, de admirar los palacios y jardines de Viena, la ría de Vigo o la *Vista de Delft.* Sentir la belleza, pensarla y plasmarla, nos hace mejores. Platón nos enseñó que , a través del amor a lo bello, el alma humana se eleva desde sus carencias e imperfecciones hasta la plenitud de la verdad y del bien. Es lo que descubre esta adolescente italiana:

Una amiga me prestó Guerra y paz, *que fue para mi adolescencia desangelada un rayo de luz, y se transformó en el punto de referencia secreto de todas mis aspiraciones e ideales. Me enamoré de Natasha, de María, de Sonia, del príncipe Andréi, de Pierre Bezújov. Con ellos lloré y soñé. La vida en el campo de refugiados me parecía más soportable si al final Natasha se casaba con Pierre. Estaba claro que la vida fuera del campo era grande, bella, dolorosa y sagrada, y yo un día la alcanzaría.*

Marisa Madieri
Verde agua

Una joven ha sido deslumbrada y enamorada. Por algo más que un texto bien escrito: por una obra maestra. Un texto bien escrito requiere vocabulario apropiado y construcción correcta de las frases, pero eso no basta para enamorar a una lectora... Este libro se propone mostrar las claves de esa belleza que nos conmueve. Sus variados ejemplos, tomados de grandes escritores, ponen de manifiesto que detrás de cada buen relato hay un artista que se fatiga en cada línea y supervisa hasta el menor detalle. En ocasiones, también he rebuscado entre mis propios textos, pues durante algunos años he sido novelista tanto como profesor de literatura.

Las sugerencias que brindábamos en *Qué leer cuanto antes* se completan con *El arte de contar historias*. Con ambos libros damos un paseo por la literatura de calidad, donde tiene un puesto de honor la española. Un paseo que nos permitirá admirar:

* Los ingredientes de una buena historia.
* La creación de personajes.
* La descripción de paisajes.
* La dinámica de los sentimientos.

1. Empezar y seducir

Ante una copa de vino y un plato recién cocinado, el primer sorbo y el primer bocado son decisivos. La misma importancia tiene la primera página de una historia. Incluso se dice que una buena novela es un primer párrafo deslumbrante, seguido por doscientas páginas más. Así comienza una buena novela ambientada en la guerra de Vietnam:

> *El teniente Jimmy Cross llevaba cartas de una joven llamada Martha, estudiante de tercer año en el Mount Sebastian College de Nueva Jersey. No eran cartas de amor, pero el teniente Cross no perdía las esperanzas, así que las guardaba dobladas y envueltas en plástico en el fondo de la mochila. Al caer la tarde, después de un día de marcha, cavaba su pozo de tirador, se lavaba las manos bajo una cantimplora, desenvolvía las cartas, las sostenía con las puntas de los*

dedos y se pasaba la última hora de luz cortejándola. Imaginaba románticas acampadas en las Montañas Blancas de New Hampshire. A veces saboreaba la solapa engomada de los sobres, porque su lengua había estado allí. Por encima de todo, deseaba que Martha lo amara como él la amaba, pero sus cartas, por lo general animadas, eludían todo lo que tuviera que ver con el amor.

Tim O'Brien
Las cosas que llevaban

La seducción literaria debe empezar en la primera página porque quizá el escritor no tenga otra oportunidad. Escribe para ser leído, pero el lector tiene la libertad de cerrar y abandonar el libro si su lectura le defrauda. El comienzo de un relato, de una novela, es una puerta por la que salimos del mundo real donde vivimos, para introducirnos en el mundo que el escritor ha imaginado. Debería, por tanto, arrastrarnos.

Un buen comienzo permite al lector situarse, entender dónde está. Eso requiere dar con pocas palabras mucha información sobre los protagonistas y su ambiente: sus nombres y relaciones de afinidad y consanguinidad, los detalles contextuales de tiempo y lugar... Veamos cómo lo logra Harper Lee:

Maycomb era una población antigua y fatigada. En los días lluviosos las calles se convertían en un barrizal rojo. La hierba crecía en las aceras, y el edificio del Juzgado parecía a punto de desplomarse. Entonces hacía más calor y la gente se movía despacio, cruzaba cachazudamente la plaza, entraba y salía de las tiendas con paso calmoso, se tomaba su tiempo para todo. El día tenía veinticuatro horas, pero parecía más largo.

Nadie tenía prisa, porque no había adónde ir, nada que comprar, ni dinero con que comprarlo. Vivíamos en la mayor calle residencial de la población: Atticus, Jem y yo, además de Calpurnia, nuestra cocinera. Jem y yo hallábamos a nuestro padre plenamente satisfactorio: jugaba con nosotros, nos leía y nos trataba con un despego cortés.

Harper Lee
Matar un ruiseñor

El principio de *Ana Karenina* es, sin duda, uno de los más conocidos de la literatura universal. Si la teoría literaria dice que en las primeras líneas de una historia debe estar condensada o intuida la trama que se nos va a contar, esta novela ofrece un buen ejemplo:

Todas las familias felices se parecen unas a otras; pero cada familia infeliz tiene un motivo especial para sentirse desgraciada. En casa de los Oblonsky andaba todo trastrocado. La esposa acababa de enterarse de que su marido mantenía relaciones con la institutriz francesa y se había apresurado a declararle que no podía seguir viviendo con él. Semejante situación duraba ya tres días y era tan dolorosa para los esposos como para los demás miembros de la familia.

L. Tolstói
Ana Karenina

La primera línea debe abrirse a un primer párrafo deslumbrante. Así se condensa la convulsión de la Revolución Francesa en el arranque de *Historia de dos ciudades*:

Era el mejor de los tiempos y era el peor de los tiempos; la edad de la sabiduría y también de la locura; la época de las creencias y de la incredulidad; la era de la luz y de las tinieblas; la primavera de la esperanza y el invierno de la desesperación. Todo lo poseíamos, pero nada teníamos; íbamos directamente al cielo y nos extraviábamos en el camino opuesto.

Charles Dickens
Historia de dos ciudades

Otro comienzo célebre, seguido de un extraordinario relato, tuvo lugar en la Universidad de Oxford. Un perezoso día de 1930, un joven catedrático de Lengua y Literatura Inglesa se aburría en su casa corrigiendo exámenes. Hasta que se topó con un ejercicio en blanco. Ronald Tolkien levantó la vista de los exámenes, la paseó por su despacho, observó un pequeño agujero en la alfombra y escribió en aquella hoja en blanco una sola línea: *In a hole, in a ground, there lived a hobbit*. Así comienza *El Hobbit*, pórtico de la fantasía literaria más leída del siglo XX: *El Señor de los Anillos*.

Si seguimos leyendo y nos introducimos en ese agujero, nos encontramos con todo un ejemplo de información, de recreación de un ambiente que permite al lector «ver» lo que lee y entrar en la historia desde el principio:

En un agujero en el suelo, vivía un hobbit. No un agujero sucio, húmedo, repugnante, con restos de gusanos y olor a fango, ni tampoco un agujero seco, desnudo y arenoso, sin nada en qué sentarse o qué comer: era un agujero hobbit, y eso significa comodidad. Tenía una puerta redonda, perfecta como un ojo de buey pintado de verde, con una manilla de bronce dorada y brillante, justo en el medio. La puerta se abría a un vestíbulo cilíndrico, como un túnel: un túnel muy cómodo, sin humos, con paredes revestidas de maderas y suelos enlosados y alfombrados, provistos de sillas barnizadas y montones y montones de perchas para sombreros y abrigos; el hobbit era aficionado a las visitas. El túnel se extendía serpenteando, y penetraba bastante, pero no directamente, en la ladera de la Colina, y muchas puertecitas redondas se abrían en él, primero en un lado y luego al otro. Nada de subir escaleras para el hobbit: dormitorios, cuartos de baño, bodegas, despensas (muchas), armarios (habitaciones enteras dedicadas a ropa), cocinas y comedores se encontraban en la misma planta, y en el mismo pasillo. Las mejores habitaciones estaban todas a la izquierda de la puerta principal, pues eran las únicas que tenían ventanas, ventanas redondas, profundamente excavadas, que miraban al jardín y a los prados de más allá, camino del río.

J. R. R. Tolkien
El Señor de los Anillos

Un novelista puede empezar como quiera. Con una descripción del paisaje natural o urbano. En medio de una conversación. Con una reflexión filosófica. Puede poner al personaje en apuros desde la primera frase: «No hacía ni tres horas que había llegado a Brighton cuando Hale supo que querían asesinarle». Una novela también puede comenzar con una autopresentación del narrador.

Podéis llamarme Ismael. Hace unos años —no importa cuántos—, teniendo poco o ningún dinero en el bolsillo, y nada en particular que me interesara en tierra, pensé que me iría a navegar para ver la parte acuática del mundo. Es un modo que tengo de echar fuera la melancolía y arreglar la circulación. Cada vez que me sorprendo torciendo el gesto; cada vez que en mi alma hay un nuevo noviembre húmedo y lluvioso; cada vez que me encuentro parándome sin querer ante las tiendas de ataúdes; y, especialmente, cada vez que la hipocondría me domina de tal modo que hace falta un recio principio moral para impedirme salir a la calle resuelto a derribar metódicamente el sombrero a los transeúntes, entonces, entiendo que ha llegado la hora de hacerme a la mar tan pronto como pueda. Es mi sustituto de la pistola y la bala. Catón se arroja sobre su espada, haciendo aspavientos filosóficos; yo me embarco pacíficamente. No hay en ello nada sorprendente. Si bien lo miran, no hay nadie que no experimente, en alguna ocasión, y en más o menos grado, sentimientos análogos a los míos.

Herman Melville
Moby Dick

Mientras el escritor conoce la historia que va narrando, el lector la ignora por completo y se va introduciendo en ella. De ahí la importancia de mostrarle paso a paso, línea a línea, todo lo relevante (de tratarle como si fuera tonto sin que se dé cuenta, decía un malicioso). De William Faulkner, uno de los principales renovadores de la narrativa del siglo XX, es este largo e intenso párrafo inicial, repleto de información:

Anselm Holland llegó a Jefferson hace muchos años. De dónde, nadie lo sabía. Pero era joven entonces, y un hombre de variados recursos, o por lo menos, de presencia, porque antes de que hubieran transcurrido tres años estaba casado con la única hija de un hombre que poseía dos mil acres de las mejores tierras del distrito, y fue a vivir en la casa de su suegro, donde dos años más tarde su mujer le dio dos hijos, y donde a los pocos años murió aquel, dejando a Holland en total posesión de la propiedad, que estaba a la sazón a nombre de su mujer. Pero aun antes del hecho, los de Jefferson lo habíamos oído aludir, en tono algo más alto de lo conveniente, a «mi tierra, mi cosecha»; y aquellos de nosotros cuyos padres y abuelos se habían criado en el lugar lo mirábamos con cierta frialdad y recelo, como a un hombre sin escrúpulos, además de violento, según rumores oídos entre los colonos blancos y negros y entre otros con quienes había tenido algún trato. Pero por consideración a su mujer y por respeto a su suegro, siempre lo tratamos con cortesía, ya que no con afecto. Así, pues, cuando ella murió, siendo los mellizos todavía niños, consideramos que él era el responsable, y que la vida de la pobre se había agostado frente a la torpe violencia de aquel forastero ignorante. Y cuando sus hijos llegaron a la edad adulta, y primero uno y luego el otro dejaron para siempre el hogar, no nos sorprendimos. Por fin, cuando un día, hace seis, Holland fue hallado muerto, un pie trabado en uno de los estribos del caballo ensillado que acostumbraba cabalgar, y el cuerpo horriblemente destrozado, porque, aparentemente, el animal lo había arrastrado a través del cerco de palos, y eran todavía visibles, en el lomo y en los flancos del caballo, las marcas de los golpes que le había dado en uno de sus accesos de ira, ninguno de nosotros lo lamentó, por cuanto poco tiempo atrás había cometido un acto que, para los hombres de nuestro pueblo, nuestra época y nuestras creencias, era el más imperdonable de los ultrajes.

William Faulkner
Humo

Antes de explicar las claves de la belleza literaria, conviene tener claro que escribir es seducir. Nos seducen historias con nervio porque nos brindan la posibilidad de salir de nuestra rutina cotidiana y embarcarnos en travesías imaginadas. A través de un armario abandonan sus países millones de niños y entran en el fabuloso país de Narnia. Por un invisible andén londinense, el 9 y 3/4, muchos más millones de lectores de todas las edades han podido subir al Hogwarts Express y entrar en el fascinante mundo de Harry Potter. Aunque suene a tópico gastado, la literatura es la puerta maravillosa que nos permite pasar de nuestro pequeño mundo a mil mundos diferentes, y vivir mil vidas, las que más nos interesen y apasionen, las de Gandalf y Harry Potter, las de Ulises y Penélope, las de Rut y Booz, las de Roxana y Cyrano...

Inclinados como estamos a conocer, la literatura es una privilegiada ventana al mundo. Con atractivo propio, pues criba y embellece los aspectos más interesantes de la realidad. Cumple así una doble función, acuñada en el lema clásico enseñar deleitando. La buena literatura selecciona aspectos esenciales de la condición humana: la amistad, la libertad, el amor, el sufrimiento, la compasión, la lucha por la justicia, la pelea contra la adversidad, el misterio del mal, la muerte, el peso de la culpa, los problemas de conciencia...

El buen escritor seduce cuando da al lector más de lo que espera, cuando le sorprende con una historia impactante, un giro inesperado. A veces basta una expresión feliz. Hubiera sido suficiente resumir que todo en él era viejo. Pero Hemingway siempre estaba insatisfecho, así que escribió otra cosa:

> *Todo en él era viejo salvo sus ojos, que tenían el color mismo del mar y eran alegres e invictos.*

Llamar invictos a unos ojos es todo un hallazgo literario. El novelista ha conseguido que ese adjetivo pese más que el cuerpo entero del anciano. Propongo otro ejemplo. No es lo mismo decir «te quiero mucho» que decir «si tú me dices ven, lo dejo todo»: intensidad y originalidad marcan la diferencia. Se podría buscar la intensidad escribiendo «te quiero muchísimo», pero entonces faltaría la magia de las palabras, el seductor ropaje literario que hace decir a Neruda:

> *Ríete de la noche, del día, de la luna,*
> *ríete de este torpe muchacho que te quiere.*
> *Niégame el pan, el aire, la luz, la primavera,*
> *pero tu risa nunca porque me moriría.*

La seducción literaria no excluye ningún asunto, pues todo puede ser descrito con belleza: el ancho mundo y la gama variadísima de relaciones personales; la selva de los sentimientos y también las utopías y ficciones que solo existen en la imaginación del escritor. En cualquier caso, toda historia se cocina con cuatro ingredientes: un protagonista, un conflicto, un tiempo y un espacio. ¿Hace falta algo más? Sí: la pasión por escribir.

> *Solo admiro un libro cuando la fuerza del amor vibra en él. Y no me refiero a nada sentimental. El poeta*

Henri Pichette dice que nunca se debería escribir una frase que no se pudiera susurrar al oído de un agonizante [...]. La manera de escribir que a mí me gusta es exactamente eso. Porque todos nosotros somos agonizantes, ¿no?

Christian Bobin
Autorretrato con radiador

2. Troya y la Biblia

La primera tarea literaria es sopesar y escoger la palabra adecuada: cada sustantivo, cada adjetivo, cada verbo. Después habrá que enlazarlos de forma bella. El paso de lo correcto a lo hermoso no es fácil, presenta una dificultad parecida a la que encuentra el compositor, el pintor o el escultor. En los cuatro casos, la belleza es tan esquiva que el reto puede resultar insuperable. Sin embargo, son muchos los que han superado la prueba. En uno de los ejemplos más antiguos leemos que

Noemí tenía un pariente que se llamaba Booz, hombre rico e influyente, de la familia de Elimélec. Y sucedió que Rut, la moabita, dijo a Noemí: «Permíteme espigar en un campo donde me admitan de buen grado». «Anda, hija mía», respondió su suegra. Rut salió de madrugada y comenzó a recoger espigas detrás de los segadores, precisamente en unas tierras que pertenecían a Booz. Horas más tarde llegó Booz y preguntó al encargado quién era la muchacha. Cuando lo supo, dijo a Rut: «Escucha, hija mía. No vayas a recoger espigas a otro

campo ni te alejes de aquí. He ordenado a mis hombres que no te molesten. Ve detrás de las muchachas cuando estén espigando. Si tienes sed, acércate a las vasijas y bebe del agua que los criados hayan sacado». Rut se postró rostro en tierra y exclamó: «¿Por qué esta forastera te ha caído en gracia y te interesas por mí?». Booz respondió: «Me han contado todo lo que has hecho por tu suegra desde que murió tu esposo; cómo dejaste padre y madre en la tierra donde naciste, y viniste a vivir entre gente desconocida».

Biblia
Libro de Rut

La buena literatura consigue atrapar a los lectores en sus historias. Hemos sentido ese atractivo desde que nos hablaron de Adán y Eva, de Moisés y Noé, casi en la Prehistoria. Mil años más tarde llegaría el prodigio inexplicable de Homero, a quien cito en las páginas siguientes según la versión adaptada de Alessandro Baricco:

Entonces lanzaron todos un grito altísimo y se dispersaron entre las naves. Cada uno fue a prepararse para la batalla. Unos comían, otros afilaban las armas, había quien oraba y quien hacía un sacrificio a sus dioses, implorando escapar de la muerte. En poco tiempo, los reyes de estirpe divina agruparon a sus hombres y los fueron colocando en formación de batalla. Solo entonces descubrimos que el combate era más dulce que el retorno a la patria. Marchábamos con nuestras armas de bronce encendidas por el sol, y parecíamos un incendio que devora el bosque y que puede verse desde lejos. Bajamos hasta la llanura del Escamandro como una inmensa bandada de pájaros que desciende desde el cielo y se posa con gran estrépito, batiendo las alas sobre los campos. La tierra retumbaba bajo los pies de los hombres y los cascos de los caballos. Nos detuvimos cerca del río, delante de Troya. Éramos millares. Incontables como las flores en primavera. Y solo teníamos un deseo: la sangre de la batalla.

Homero
Ilíada

Nos resulta humillante que la más remota literatura llegada hasta nosotros —el Antiguo Testamento y los versos de Homero— tenga una calidad incomparable. Contra lo que sería esperable, sus autores manejan con perfección los recursos estilísticos, mucho antes de que reciban ese nombre y sean estudiados en la disciplina académica que conocemos como Retórica o Preceptiva. Vamos a leer la despedida de Héctor —el más fuerte y famoso de los guerreros de Troya— y Andrómaca, su esposa.

A punto estaba de salir de nuevo de las murallas y de volver al campo de batalla cuando Andrómaca lo vio y corrió a su encuentro para detenerlo, y yo detrás de ella, con el niño en brazos, pequeño, tierno, el amado hijo de Héctor, hermoso como una estrella. Héctor nos vio. Y se detuvo. Y sonrió. Héctor sonrió. Y Andrómaca fue a su lado y le cogió la mano. Lloraba y decía: «¡Desdichado!, tu fuerza será tu perdición. ¿No sientes piedad por tu hijo, que todavía es un niño, ni por mí, desventurada? ¿Quieres regresar ahí afuera, donde los aqueos se te echarán encima, todos juntos, y te matarán?». Lloraba. Y luego añadió: «Héctor, si yo te pierdo, morir será mejor que seguir estando viva, porque para mí no habrá ningún consuelo, tan solo dolor. Yo no tengo padre, tampoco madre, ya no me queda nadie. A mi padre me lo mató Aquiles, cuando destruyó Tebas, la de altas puertas. Tenía siete hermanos, y a todos los mató Aquiles, el mismo día, mientras pastaban los bueyes, lentos, y las cándidas ovejas. Y a mi madre Aquiles se la llevó, y luego nosotros pagamos un rescate para que nos la devolviera; y ella regresó, pero para morir de dolor, de repente, en nuestra casa. Héctor, para mí tú eres padre, madre y hermano, y eres mi joven esposo: ten piedad de mí, quédate aquí, en la torre. No luches en campo abierto».

Hoy nos asombra reflejarnos con nitidez en el espejo de los personajes homéricos. Tienen tres mil años y, sin embargo, son cultos e ignorantes, educados y groseros, pacientes y airados, valientes y cobardes, astutos y simples, rudos y tiernos. Descubrimos que son como nosotros, pero en realidad es al revés: nosotros somos como ellos, estamos configurados por su herencia. Cuando terminaba el primer acto del gran teatro del mundo y caía el telón sobre la Prehistoria, apareció —totalmente imprevisto y por sorpresa— el primer artista de la cultura occidental. Sí, Homero fue el primero en entender a fondo la complejidad de la condición humana y en vestirla con una forma literaria bellísima. Por haber creado a Penélope y Ulises, por haber cantado la guerra de Troya, hoy le daríamos el Nobel de Literatura y el más prestigioso doctorado honoris causa en Antropología.

Lo primero que se escribe en casi todas las lenguas son historias, no diccionarios. Y la razón es clara: los seres humanos no somos conceptos, somos biográficos, hombres y mujeres que despliegan sus capacidades a lo largo del tiempo y a lo ancho del espacio. Estas páginas han comenzado por las historias porque el arte de escribir es —sobre todo y casi siempre— el arte de contar historias.

Nos gustan las historias porque somos libres y vivimos insatisfechos. Estamos obligados a escoger, pero nos equivocamos con frecuencia. Y ahí vienen en nuestra ayuda las historias. En las vidas virtuales de libros y pantallas aprendemos las posibilidades de la libertad: sus errores, sus conquistas, sus riesgos. En los grandes protagonistas de una buena novela, de una gran película, nos subimos a hombros de gigantes y nuestro horizonte existencial se agranda y enriquece, reducimos nuestra ignorancia de la vida, incluso atisbamos los caminos de la felicidad. Se ha dicho que todas las grandes historias —y aquí ganan las novelas— tratan esencialmente del paso de la inocencia a la experiencia, del descubrimiento de la realidad que subyace bajo las apariencias.

Detrás de una buena historia —a veces detrás de una sola página, incluso de un párrafo—, puede haber una técnica depurada. Se alcanza esa perfección por el ensamblaje de fondo y forma, de ritmo y tono, por el dominio de las figuras literarias, por la sabia dosificación de la información, sin olvidar la maestría en la ambientación espaciotemporal. Un solo párrafo puede reunir las mencionadas cualidades literarias:

> *«Ahora vuelve a casa y deja que de la guerra nos ocupemos los hombres de Troya», respondió Héctor. Luego se agachó y recogió del suelo el yelmo de penacho ondulante. Nosotras regresamos a casa. Mientras caminábamos, Andrómaca lloraba y volvía la cabeza. Cuando las siervas la vieron llegar, sintieron todas una gran tristeza. Y todas se echaron a llorar. Lloraban por Héctor, porque ninguna de ellas pensaba en su corazón que regresaría vivo del campo de batalla.*

3. El conflicto y la sorpresa

Todo empezó en un día de violencia. Hacía nueve años que los aqueos asediaban Troya; a menudo necesitaban víveres, o animales, o mujeres, y entonces abandonaban el asedio e iban a procurarse lo que querían saqueando las ciudades vecinas. Ese día le tocó a Tebas, mi ciudad. Nos lo robaron todo y se lo llevaron a sus naves. Entre las mujeres a las que raptaron estaba yo también. Era hermosa: cuando, en su campamento, los príncipes aqueos se repartieron el botín, Agamenón me vio y quiso que fuera para él. Era el rey de reyes, el jefe de todos los aqueos: me llevó a su tienda, y a su lecho. Tenía una mujer, en su patria. Se llamaba Clitemnestra. Él la amaba. Ese día me vio y quiso que fuera para él.

Homero
Ilíada

La vida humana aparece surcada por conflictos de diverso tipo. Lo acabamos de ver en las primeras líneas de la primera literatura occidental, de un dramatismo y una belleza que se agarran al texto y solo lo sueltan en la última página. Ese dramatismo suele presentarse sin avisar. Ambas circunstancias, el conflicto y la sorpresa, forman parte de la mejor literatura. Si podemos prever las peripecias que componen un argumento, es improbable que el relato mantenga nuestra atención. Por eso algunas han de ser inesperadas, al tiempo que convincentes. Aristóteles habla de vuelco o paso de un estado de cosas a su contrario, a menudo combinado con un «descubrimiento». Lo ilustraba con el ejemplo de aquella escena de *Edipo rey* en que el mensajero, que debe tranquilizar al protagonista, le revela involuntariamente que ha matado a su padre y se ha casado con su madre.

En Homero y la Biblia encontramos el conflicto en sus múltiples caras: la enfermedad y la muerte, la mentira y la traición, la guerra y la cárcel, el asesinato de inocentes, el destierro y la esclavitud, la soledad, la ansiedad y la depresión, el miedo y la angustia... En el mismo inicio del Libro Sagrado, en sus primeras páginas, asistimos a la expulsión del Paraíso, al asesinato de Abel y a un Diluvio casi exterminador. Homero, como hemos visto, tampoco se queda corto.

La vida, siempre dramática, se torna trágica en ciertos momentos. Una tarde de verano conocí a Natalia Ginzburg, y esa misma tarde fui cautivado por las primeras páginas de *Las pequeñas virtudes*. Tras ese título podía esperar un libro de ética o autoayuda. Encontré, sin embargo, un puñado de relatos cortos, a medio camino entre el ensayo y la autobiografía. Estaban escritos por una mujer que nace en la Italia de la Primera Guerra Mundial y tiene que huir, con su marido y sus hijos pequeños, durante la Segunda.

Esa vida de refugiados, en un pueblecito de los Abruzzos, va dando cuerpo al primer relato. Su tono hogareño y costumbrista no te parece mejor ni diferente al de otros escritores, pero su última página borra con diez líneas esa impresión. Golpeada por un hachazo del destino, Natalia Ginzburg tenía derecho a teñir de amargura la conclusión de su historia. En vez de ello, nos conquista con un giro tan inesperado como elegante.

> *Mi marido murió en Roma en la cárcel de Regina Coeli, pocos meses después de que dejáramos el pueblo. Ante el horror de la muerte solitaria, ante las angustiosas alternativas que precedieron a su muerte, yo me pregunto si esto nos ocurrió a nosotros, a nosotros que comprábamos las naranjas en la tienda de Girò y paseábamos por la nieve. Entonces yo tenía fe en un porvenir fácil y alegre, lleno de deseos satisfechos, de experiencias y de empresas comunes. Aquella fue la mejor época de mi vida, y sólo ahora que ha pasado para siempre, sólo ahora, lo sé.*

Natalia Ginzburg
Las pequeñas virtudes

El conflicto literario no se reduce a violencia física. Tiene que ver, sobre todo, con la turbulencia psicológica, con el mundo interior de los protagonistas, enormemente problemático, donde literalmente encontramos de todo: celos, envidia, timidez, orgullo, remordimiento, rencor, revelaciones traumáticas, impaciencia, sueños no cumplidos, ambiciones insatisfechas...

A Jèrôme y Sylvie les habría gustado ser ricos. Habrían sabido vestir, mirar, sonreír como la gente rica. Vivían rodeados por las ofertas falaces, y sin embargo tan cálidas, de un París que era una perpetua tentación. Ansiaban sucumbir a ella con embriaguez, enseguida y para siempre. Pero el horizonte de sus deseos estaba tenazmente cerrado; sus grandes sueños imposibles pertenecían al mundo de la utopía. Porque vivían en un piso diminuto. La falta de espacio resultaba tiránica ciertos días. Se asfixiaban. Aunque se anexionaran en sueños los pisos contiguos, siempre acabarían encontrándose con lo suyo, lo único suyo: treinta y cinco metros cuadrados.

Georges Perec
Las cosas

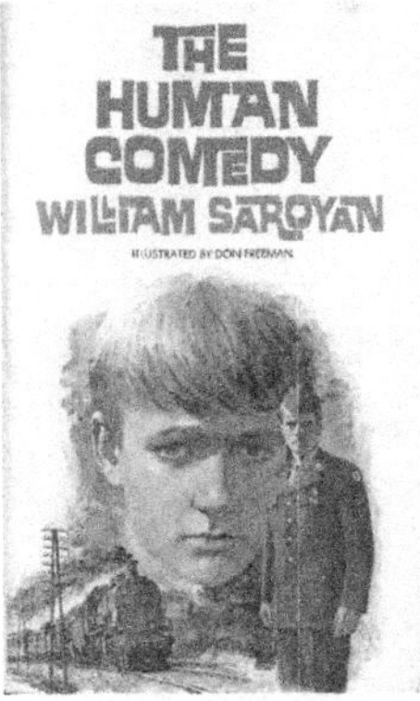

En el siguiente fragmento, un chico de 15 años habla con su madre. Asiste a la escuela por la mañana y reparte telegramas por la tarde. Los enviados por el Ministerio de Defensa suelen comunicar la defunción de un soldado en el frente europeo de la Segunda Guerra Mundial.

Anoche no hablé contigo al llegar a casa porque pasó lo que tú dijiste: que no podía hablar. Estaba de camino cuando de pronto me eché a llorar. Ya sabes que nunca he llorado de pequeño, ni siquiera en la escuela. Me daba vergüenza. Pero anoche no pude evitarlo. Y tampoco pude venir directamente a casa. Fui en bicicleta hasta Ithaca Wine y luego pasé por delante de una mansión donde una familia había estado celebrando una fiesta por la tarde. La casa estaba a oscuras. Yo les había llevado un telegrama. Luego volví a la ciudad y recorrí todas las calles mirándolo todo: todos los edificios, todos los lugares que he conocido toda mi vida, todos llenos de gente. Y entonces vi por fin realmente Ithaca y conocí realmente a la gente que vive en Ithaca. Me dieron pena todos ellos e incluso recé para que no les pasara nada. Después dejé de llorar. Yo pensaba que los hombres dejaban de llorar cuando se hacían mayores, pero parece que es entonces cuando uno empieza, porque es entonces cuando uno empieza a darse cuenta de todo.

William Saroyan
La comedia humana

El conflicto encuentra una mina literaria inagotable en la propia historia humana, escenario de incontables hombres y mujeres excepcionales, de guerras y revoluciones, de grandezas y miserias de todo tipo. Así recrea Stefan Zweig un conocido episodio de la vida de Dostoievski.

En silencio forman en fila. Un teniente lee la sentencia: Muerte por traición. Con pólvora y plomo. Un cosaco le venda los ojos frente a los fusiles. La película de su vida pasa por su memoria y se resume en tres migajas de amistad, dos vasos de placer, un sueño de gloria y un hatillo de oprobio.

El escritor austriaco escoge varios acontecimientos históricos, los convierte en relatos apasionantes y los enmarca con un título perfecto: *Momentos estelares de la humanidad*. Esas miniaturas históricas abarcan dos mil años: desde Cicerón a Woodrow Wilson. Todo un friso de triunfadores y fracasados muestra al lector una lección inestimable: que los grandes personajes, casi sin excepción, también han sido grandes sufridores, han soportado estrepitosas derrotas, se han recuperado de dolorosos fracasos frente a un horizonte oscuro y cerrado.

Entre los triunfadores encontramos a Haendel, que con cincuenta y tres años se cura misteriosamente de una terrible enfermedad y, no menos misteriosamente, compone *El Mesías* en un tiempo imposible. Cuando el compositor escapa a la muerte, cae sobre Londres un frío que congela el Támesis y permite a los trineos marchar sobre su reluciente superficie. Con esas temperaturas las salas permanecen cerradas, enferman los cantantes y se suspenden los conciertos. La situación del compositor se vuelve crítica. Mientras los acreedores apremian, este luchador infatigable pierde su antiguo coraje, se aísla en su casa, su ánimo se torna sombrío. Pero una noche, al llegar a casa envuelto en su desesperación, se encuentra un sobre que le ha dejado el poeta Jennens ...

> *Haendel alzó el candelabro y lo acercó a aquellas hojas.* El Mesías, *ponía en la primera página. ¡Ah, de nuevo un oratorio! Los últimos habían sido un fracaso. Pero, intranquilo como estaba, volvió la hoja y comenzó a leer. Con las primeras palabras se estremeció. «Comfort ye». Así empezaba el texto. ¡Consolaos! Aquella palabra era como un sortilegio. Aquella palabra... No, no era una palabra, sino una respuesta divina, una llamada angelical desde el cielo cubierto a su abatido corazón. Consolaos.*

Stefan Zweig
Momentos estelares de la humanidad

Maestro indiscutible de estilo, Zweig es, en estas páginas, un seductor que emplea su prosa prodigiosa para introducirnos en el «misterioso taller de Dios», como le gustaba llamar a la Historia, en expresión de su admirado Goethe.

4. Ambientación

Las historias literarias, como las reales, transcurren en un tiempo y un espacio concretos. Ambas coordenadas, inseparables, proporcionan el ambiente del relato. Es propio de escritores principiantes centrarse en las peripecias de los personajes y olvidar la casa donde viven, la familia de la que forman parte, la ropa que visten, el paisaje que les envuelve, lo que comen y beben, el clima y la época. Los buenos escritores no descuidan ese conjunto de circunstancias, necesarias para lograr personajes de carne y hueso, que otorgan credibilidad a la narración.

Imaginad una mañana de finales de noviembre. Una mañana de comienzos de invierno, hace más de veinte años. Pensad en la cocina de un viejo caserón de pueblo. Su principal característica es una enorme estufa negra; pero también contiene una gran mesa redonda y una chimenea con un par de mecedoras delante. Precisamente hoy comienza la estufa su temporada de rugidos.

Truman Capote
Un recuerdo navideño

Así empieza Truman Capote un relato donde él mismo, el pequeño Truman, comparte protagonismo con Miss

Sook, una excéntrica pariente solterona a quien el niño se sintió muy unido. A la breve y admirable ambientación sigue un segundo párrafo para presentar a la mujer. Sobra decir que brillan, desde las primeras líneas, las cualidades analizadas en las páginas precedentes: estilo depurado, tono y ritmo, figuras literarias y retratos humanísimos:

> *Una mujer de trasquilado pelo blanco se encuentra de pie junto a la ventana de la cocina. Lleva zapatillas de tenis y un amorfo jersey gris sobre un vestido veraniego de algodón. Es pequeña y vivaz, como una gallina Bantam; pero, debido a una prolongada enfermedad juvenil, tiene los hombros horriblemente encorvados. Su rostro es notable, algo parecido al de Lincoln, igual de escarpado, y teñido por el sol y el viento; pero también es delicado, de huesos finos, con unos ojos de color jerez y expresión tímida.*
>
> *—Vaya por Dios —exclama, y su aliento empaña el cristal—. ¡Ha llegado la temporada de las tartas de frutas!*
>
> *La persona con la que habla soy yo. Tengo siete años; ella, sesenta y tantos [...].*
>
> *—Mira, Buddy, deja de comer galletas y ve por nuestro carricoche. Ayúdame a buscar el sombrero. Tenemos que preparar treinta tartas.*
> *Siempre ocurre lo mismo: llega cierta mañana de noviembre, y mi amiga, como si oficialmente inaugurase esa temporada navideña anual que le dispara la imaginación y reaviva el fuego de su corazón, anuncia:*
>
> *—¡Ya es hora de preparar las tartas! Ve por nuestro carricoche. Ayúdame a buscar el sombrero [...].*

Toda narración avanza y gana interés con pequeños giros inesperados. El pintoresco ritual de las treinta tartas será un primer giro. Después, repasando los usos y viajes del desvencijado carricoche, aumentará de forma natural nuestro conocimiento de la insólita pareja y sus costumbres.

> *Guiamos juntos el carricoche, un destartalado cochecito de niño, por el jardín, camino de la arboleda de pacanas. El cochecito es mío; es decir que lo compraron para mí cuando nací. Es de mimbre, y está bastante destrenzado, y sus ruedas se mueven como las piernas de un borracho. Pero es un objeto fiel; en primavera lo llevamos al bosque para llenarlo de flores, hierbas y helechos para las macetas de la entrada; en verano, amontonamos en él toda la parafernalia de las meriendas campestres, junto con las cañas de pescar, y bajamos hasta la orilla de algún riachuelo; en invierno también tiene algunas funciones: es la camioneta en la que trasladamos la leña desde el patio hasta la chimenea, y le sirve de cálida cama a Queenie, nuestra pequeña terrier anaranjada y blanca, un pachorriento animal que ha sobrevivido a mucho malhumor y a dos mordeduras de serpiente de cascabel. En este momento Queenie anda trotando detrás del carricoche.*
>
> *Al cabo de tres horas nos encontramos de nuevo en la cocina, descascarando una carga de pacanas que el viento ha hecho caer de los árboles […]. ¡Caaracrac! Un alegre crujido, fragmentos de truenos en miniatura que resuenan al partir las cáscaras mientras en la jarra de leche sigue creciendo el dorado montón de dulce y aceitosa fruta marfileña. Queenie comienza a relamerse, y de vez en cuando mi amiga le da furtiva-*

> *mente un pedacito, pese a que insiste en que ni siquiera nosotros las probemos.*
>
> *—No debemos hacerlo, Buddy. Si empezamos, no habrá quien nos pare. Y no tenemos suficientes, ni siquiera con las que hay. Son treinta tartas.*
>
> *La cocina va oscureciéndose. El crepúsculo transforma la ventana en un espejo: nuestros reflejos se mezclan con la luna ascendente mientras seguimos trabajando junto al hogar y a la luz de la chimenea. Por fin, cuando la luna ya está muy alta, echamos las últimas cáscaras al fuego suspirando al unísono, observando cómo van encendiéndose. El carricoche está vacío; la jarra, llena hasta el borde.*

La pequeña terrier convierte a la pareja en un trío y forma parte de la ambientación magistral. Anochece en la cocina. Buddy y Miss Sook toman su cena (galletas frías, tocino, mermelada de zarzamora) y hablan del día siguiente, cuando empieza lo que más les gusta: ir de compras. ¿Y qué se disponen a comprar?

> *Cerezas y cidras, jengibre y vainilla, piña hawaiana en lata, pacanas y pasas y nueces y whisky y, oh, montones de harina, mantequilla, muchísimos huevos, especias, esencias: pero ¡si nos hará falta un pony para tirar del carricoche hasta casa!*

Antes de comprar está la delicada cuestión del dinero. Como ninguno de los dos tiene ni blanca, han creado un Fondo para Tartas de Frutas y se pasan el año organizando actividades de todo tipo: tómbolas de cosas viejas, venta de flores para funerales y bodas, venta a domicilio de cestos de zarzamoras, de mermelada casera, de jalea de manzana y melocotón en conserva. Incluso llegaron a montar en la leñera una Feria de Atracciones y un Museo de Monstruos.

El Monstruo era un polluelo de tres patas, recién incubado por una de nuestras gallinas. Toda la gente de por aquí quería ver al polluelo: les cobrábamos cinco centavos a los adultos y dos a los niños. Y llegamos a ganar nuestros buenos veinte dólares antes de que el museo cerrara sus puertas debido a la defunción de su principal estrella.

Truman Capote nos deslumbra con su forma de narrar, y nos conquista definitivamente con la grandeza de la insignificante señora Sook.

Guardamos escondido este dinero en un viejo monedero de cuentas, debajo de una tabla suelta que está debajo del piso que está debajo del orinal que está debajo de la cama de mi amiga. Sólo sacamos el monedero de su seguro escondrijo para hacer un nuevo depósito, o, como suele ocurrir los sábados, para algún reintegro; porque los sábados me corresponden diez centavos para el cine. Mi amiga no ha ido jamás al cine, ni tiene intención de hacerlo:

—Prefiero que tú me cuentes la historia, Buddy. Así puedo imaginármela mejor. Además, las personas de mi edad no deben malgastar la vista. Cuando se presente el Señor, quiero verle bien.
Aparte de no haber visto ninguna película, tampoco ha comido en ningún restaurante, viajado a más de cinco kilómetros de casa, recibido o enviado telegramas, leído nada que no sean tebeos y la Biblia, usado cosméticos, pronunciado palabrotas, deseado mal alguno a nadie, mentido a conciencia, ni dejado que ningún perro pasara hambre.

El verano pasado, el Fondo para Tartas aumentó de una extraña manera.

> *Otros habitantes de la casa nos contrataron para matar moscas, a un centavo por cada veinticinco moscas muertas. Ah, aquella carnicería de agosto: ¡cuántas moscas volaron al cielo! Pero no fue un trabajo que nos enorgulleciera. Y, mientras vamos contando los centavos, es como si volviésemos a tabular moscas muertas.*

Imitar el estilo de Truman Capote es poco menos que imposible. En las 20 o 30 páginas de cualquiera de sus relatos, es muy capaz de hilvanar otras 20 o 30 historias mínimas, ninguna de ellas convencional. Todo será cotidiano y sorprendente al mismo tiempo, imposible de adivinar por el más intuitivo de los lectores. No hace falta decir que el resultado es sabroso, seductor, adictivo.

> *De todos los ingredientes que utilizamos para hacer nuestras tartas de frutas no hay ninguno tan caro como el whisky, que, además, es el más difícil de adquirir: su venta está prohibida por el Estado. Pero todo el mundo sabe que se le puede comprar una botella a Mr. Jajá Jones. Y al día siguiente, después de haber terminado nuestras compras más prosaicas, nos encaminamos a las señas del negocio de Mr. Jajá, un «pecaminoso» (por citar la opinión pública) bar de pescado frito y baile que está a la orilla del río. No es la primera vez que vamos allí, y con el mismo propósito; pero los años anteriores hemos hecho tratos con la mujer de Jajá, una india de piel negra como la tintura de yodo, reluciente cabello oxigenado, y aspecto de muerta de cansancio. De hecho, jamás hemos puesto la vista encima de su marido, aunque hemos oído decir que también es indio. Un gigante con cicatrices de na-*

vajazos en las mejillas. Le llaman Jajá por lo tristón, nunca ríe.

El bar es una amplia cabaña de troncos, festoneada por dentro y por fuera con guirnaldas de bombillas desnudas pintadas de colores vivos, y situada en la embarrada orilla del río, a la sombra de unos árboles donde el musgo crece entre las ramas como niebla gris.

Cuando nos acercamos al bar frenamos nuestro paso. Incluso Queenie deja de brincar y permanece cerca de nosotros. Ha habido asesinatos en el bar de Jajá. Gente descuartizada. Descalabrada. El mes próximo irá al juzgado uno de los casos. Naturalmente, esta clase de cosas ocurren por la noche, cuando gimotea el fonógrafo y las bombillas pintadas proyectan demenciales sombras. De día, el local de Jajá es destartalado y está desierto. Llamo a la puerta, ladra Queenie, grita mi amiga:

—¡Mrs. Jajá! ¡Eh, señora! ¿Hay alguien en casa?
Pasos. Se abre la puerta. Nuestros corazones dan un vuelco. ¡Es Mr. Jajá Jones en persona! Y es un gigante; y tiene cicatrices; y no sonríe. Qué va, nos lanza miradas llameantes con sus satánicos ojos rasgados, y quiere saber:

—¿Qué queréis de Jajá?
Durante un instante nos quedamos tan paralizados que no podemos decírselo. Al rato, mi amiga medio encuentra su voz, apenas una vocecilla susurrante:
—Si no le importa, Mr. Jajá, querríamos un litro del mejor whisky que tenga.
Los ojos se le rasgan incluso más. ¿No es increíble? ¡Mr. Jajá está sonriendo! Hasta riendo.
—¿Quién de los dos es el bebedor?

—Es para hacer tartas de frutas, Mr. Jajá. Para cocinar.
Esto le tranquiliza. Frunce el ceño.
—Qué manera de tirar un buen whisky.
No obstante, se retira hacia las sombras del bar y reaparece unos cuantos segundos después con una botella de contenido amarillo margarita, sin etiqueta. Exhibe su centelleo a la luz del sol y dice:
—Dos dólares.
Le pagamos con monedas de diez, cinco y un centavo. De repente, al tiempo que hace sonar las monedas en la mano cerrada, como si fueran dados, se le suaviza la expresión.
—¿Sabéis lo que os digo? —nos propone, devolviendo el dinero a nuestro monedero de cuentas—. Pagádmelo con una de esas tartas de frutas.

De vuelta a casa, mi amiga comenta:
—Pues a mí me ha parecido un hombre encantador. Pondremos una tacita más de pasas en su tarta.

No hemos llegado ni a la mitad de este maravilloso relato navideño, pero tenemos claro que Truman Capote sabe cómo capturar la atención del lector, dosificar la intriga y mantener a raya el aburrimiento. También hemos admirado su consumada maestría en varios aspectos que son esenciales en cualquier historia:

* Ambientación perfecta.
* Dosificación de la información.
* Construcción de los protagonistas.
* Giros sorprendentes.
* Historias dentro de la historia.

5. El hogar y sus paisajes

Los protagonistas de las historias literarias son, en su mayoría, personas. Y las personas nacen en el seno de una familia, en una casa convertida en hogar, no en una oficina o un taller. Nacen también en lugar preciso y época concreta. No es lo mismo vivir en Siberia que en Andalucía, nacer en el Siglo de Pericles o en el Siglo de Oro español. Todas esas circunstancias forman parte de la ambientación literaria. En primer lugar, la familia y la vivienda de los protagonistas.

Ningún hombre ha nacido de una encina, escribió Homero. Nadie ha nacido solo y nadie ha nacido para estar solo, añadimos nosotros. El ser humano es profundamente familiar, y toda familia precisa de un espacio común, ordenado y pacífico, que permita la integración de los aspectos físicos, psicológicos y espirituales de padres e hijos. Eso es un hogar, y sin él no habría aldeas, pueblos, villas y ciudades, y tampoco naciones. De ahí su enorme y constante protagonismo en la literatura, como apreciamos en Dickens, Tolstói, Thomas Mann, Dostoievski, Steinbeck, Natalia Ginzburg, Harper Lee, Betty Smith, Meredith Hall, las hermanas Brontë, Jane Austen, Jiménez Lozano, Miguel Delibes... Ellos y otros muchos nos brindan estampas que reflejan al mismo tiempo el dramatismo de la vida y la categoría de unos personajes que no se rinden. Se trata de autores que no esconden ni embellecen las pequeñas o grandes penalidades, injusticias y humillaciones de la vida. Se limitan a contar la verdad. Y sus páginas están cuajadas de emociones esenciales, no adulteradas por el pesimismo o la pringosidad sentimental. Brilla en ellas la alegría de contar, la alegría de vivir y tal vez el sano orgullo de quien desea levantar un monumento literario a su propia familia.

Mi padre es grande y pacífico; mi madre es delgada y peleona. Él no habla idiomas; ella logra hablar hasta los que no sabe. Ella tiene poco sentido de la orientación; él parece un GPS. Él disfruta de la ópera, la zarzuela y el fútbol; ella prefiere pintar, decorar y leer. A veces él parece un hijo más; ella ejerce de madre en todo momento y hace horas extraordinarias, fuera de convenio. Él odia las bibliotecas y museos; ella los adora. A él le gusta la carne, el pescado y la cerveza negra; ella prefiere vegetales y vino afrutado. A los dos les gusta el cine, pero él conoce la vida y milagros de los actores y directores famosos. Él no sabe bailar; ella baila muy bien. En las fiestas con mucha gente, él se encuentra como un pulpo; ella está en su salsa. Él tiende a disculparte; ella tiende a exigirte. Él ha ganado rallies; ella tiembla al volante. A él le gusta cantar y silbar; a ella le gusta escucharle. Él es desordenado; ella es concienzuda. Él nunca se enfada; ella, muy pocas veces. Él tiene muchos amigos; ella tiene amigas y alumnos. Él está enamorado de la profesora más guapa del Cunqueiro; ella lo sabe.

José R. Ayllón
Palabras en la arena

Hemos leído la descripción que un adolescente hace de sus padres. En principio, una enumeración de caracteres, aficiones y cualidades debería resultar fría. Por eso se ha esforzado el autor en ser original y emotivo.

El hogar —con los defectos inevitables de sus miembros— es también la forma de vida más necesaria y perfecta, pues permite que mayores y pequeños crezcan orientados hacia la verdad, el bien y la belleza. Así lo pone de manifiesto nuestro adolescente, al explicarnos las vacaciones de verano en la casa de su abuela, en la villa marinera de Bayona:

Entre las tradiciones de los Tilos están las tertulias nocturnas de los mayores. Muchos amigos de mis padres, cuando ya han cenado y el pueblo es un hervidero de gente joven, se apartan del mundanal ruido y se acercan hasta nuestra casa. Sentados bajo el emparrado, charlan durante horas sobre cosas menudas o trascendentes, mientras beben y paladean el tiempo a pequeños sorbos, como la limonada y las cervezas. Están tan a gusto que nadie quiere marcharse. Y de nuevo es mi padre el encargado de levantar la velada. Hacia el tercer bostezo de mamá, siempre de madrugada, suelta el argumento definitivo:

—Vámonos a la cama, Marinela, que estos señores tendrán que irse a su casa...

La norteamericana Meredith Hall hace también de la familia el centro de su primera novela.

Benevolencia nos cuenta la vida de los Senter —un matrimonio con tres hijos pequeños— en su granja de Maine (EE. UU.), a mediados del s. XX. La escritora va dando la palabra a cada uno de los personajes. Así escuchamos a la madre, Doris, en las primeras páginas:

La casa tiene buen tamaño, un porche generoso, cuatro habitaciones en la planta superior, una gran cocina en la inferior, un salón que no usamos y una salita donde nos sentamos al anochecer. Es un hogar con solera, que revela las muchas generaciones que lo han habitado. De vez en cuando, Tup me dice: «Señorita Doris, qué linda casita se ha hecho», y me enorgullece. Tiene razón. He hecho una casita linda.

Meredith Hall
Benevolencia

Es indudable que el hogar y su entorno, urbano o rural, agitado o sereno, contribuyen a configurar la personalidad y la historia de las personas.

Todas las mañanas, temprano, cuando Tup y yo nos levantamos, con la casa todavía en silencio y los niños dormidos, sacudo y estiro las sábanas para que queden tirantes y suaves. Nuestra habitación, en la parte trasera, tiene unos ventanales grandes que dan a los pastos y al arroyo que los recorre, y es agradable mirarlos nada más levantarse, en medio de la niebla matutina que brota de la tierra en verano. Mientras se disipa lentamente, preparo el desayuno y el sol proyecta las sombras afiladas de la casa. Tup y yo no podemos ignorar que hemos sido bendecidos.

Puede parecer que esa bendición son las tierras, el arroyo y las vacas, pero en realidad son los hijos en el marco de una naturaleza bella y generosa.

Un luminoso día de invierno, hace muchos años, vi a Tup salir del establo para recibir a los tres niños en la parada del autobús. Rara vez dejaba el trabajo, así que los niños se lanzaron a sus brazos riendo y parloteando. Yo lo observaba desde el interior de la casa. Parecía una película muda maravillosa. Después se abrió la puerta del zaguán y su felicidad entró con ellos a la cocina, ruidosa y despreocupada como era entonces.

Escuchamos ahora a la pequeña hija de Tup y Doris:

Mamá ha dicho que Sonny, Beston y yo podemos volver de la escuela andando, no en autobús. Son casi cuatro millas, pero la caminata merece la pena si se atraviesa por el prado de los Munford y por el arroyo. Junto al agua hace más fresco y a veces nos quitamos los zapatos y los calcetines, nos sentamos en las rocas y miramos a los zapateros y a los piscardos mientras las vacas del señor Munford nos miran a nosotros. El arroyo nos fascina. Agua cayendo colina abajo hacia alguna parte, con suficientes rocas como para hacer el trayecto ruidoso e interesante. Ese mismo arroyo, el Senter, atraviesa nuestras tierras y pastos, y serpentea bajo la carretera de nuestra casa.

Con la novela y la película *Matar un ruiseñor*, Harper Lee ganó el prestigioso premio Pulitzer en 1961, y Gregory Peck, un año más tarde, el Oscar al mejor actor. Las grandes novelas no suelen ser superadas por sus versiones cinematográficas, y en este caso tampoco sucede, pero lo que encontramos es algo más infrecuente: una altísima calidad en ambos productos, una película antológica basada en una magnífica obra literaria. La historia que nos cuentan es sencilla. En un condado de Alabama, con fuertes prejuicios raciales y bajo las secuelas de la depresión económica de 1929, el abogado Atticus Finch acepta la defensa de un muchacho negro, acusado de haber violado a una chica blanca. Nadie había llegado tan lejos y él lo sabe. También sabe que se juega la vida, pero es valiente, se emplea a fondo y solo pierde el caso. Gana, en cambio, el respeto de todo el mundo, y deja a sus hijos y a sus vecinos una lección inolvidable de integridad.

Atticus es todavía joven y está viudo. Tiene que educar en solitario a Jem, un juicioso muchacho de 10 años, y a Scout, una despierta chiquilla de 6, traviesa como un diablillo. Y ahí, aportando cariño, equilibrio y buen sentido a un hogar donde falta la madre, se gana por completo al lector y al espectador. Y también al periodista que cubre la noticia de la muerte de Gregory Peck, en junio de 2003, y escribe lo que todos sentíamos: Atticus es el padre que a todos nos gustaría haber tenido y, más aún, el padre que todos querríamos ser. En la novela y en la pantalla le vemos atractivo y sencillo, inteligente y asequible, equilibrado y razonable. Cuando acepta el odioso caso, la pequeña Scout sufre en la escuela las críticas contra su padre y solo sabe defenderle a tortas, pero al llegar a casa le reprocha que haga algo tan contrario a lo que piensa la gente. Al responder a la niña, Atticus nos brinda uno de los argumentos más elegantes sobre la dignidad de la persona:

> *Tienen derecho a pensar así y tienen derecho a que se respeten sus opiniones. Pero yo, antes de vivir con los demás, tengo que vivir conmigo mismo y la única cosa que no se rige por la regla de la mayoría es la propia conciencia.*

Harper Lee
Matar un ruiseñor

Atticus Finch tiene una gran autoridad ante sus hijos porque suele razonar lo que pide, porque cede cuando puede ceder y porque no cede cuando no debe hacerlo. A su hijo Jem, con unas ganas locas de tener una escopeta, Atticus le explica que él la tuvo, pero con trece o catorce años de edad y con unas normas precisas de su padre: disparar solo en el huerto, cuando no hubiera gente, y nunca sobre un ruiseñor. Atticus dialoga con sus hijos y sabe explicarse. Sabe lo que puede mandar y lo hace con firmeza y suavidad. También sabe cuándo puede ceder o hacer la vista gorda. Nunca le vemos gritar, gesticular o tomarse las cosas por la tremenda. En cambio, es muy capaz de hacerse entender y obedecer con la elocuencia de una mirada o un silencio. Pero hemos de decir toda la verdad: para desempeñar su papel de padre, Atticus tiene a su favor un mundo mucho menos revuelto que el nuestro. Él no necesitó estar preparado para enfrentarse a patologías y desórdenes que en su época afectaban a un mínimo porcentaje de jóvenes o, simplemente, no existían: las noches del fin de semana, las drogas de diseño, la navegación irresponsable por Internet, la anorexia, la fiebre consumista, la cocaína y el alcohol, la depresión, la elección de tendencia sexual, la adicción a videojuegos, series y móviles...

En cualquier caso, Harper Lee y Gregory Peck no han podido reflejar mejor lo que significa educar y ser padre: esa delicada mezcla de autoridad y cariño, de exigencia razonable y confianza, de respeto a la libertad y apelación a la responsabilidad, de disponibilidad y buen humor. Si Atticus nos resulta admirable, Scout nos conquista desde la primera página de la novela. Su elección como narradora es, sin duda, el gran acierto técnico de Harper Lee.

Nuestra madre murió cuando yo tenía dos años, de modo que no notaba su ausencia. Era una Graham, de Montgomery. Atticus la conoció la primera vez que le eligieron para la legislatura del Estado, cuando ya era un hombre maduro. Ella tenía quince años menos. Jem fue el fruto de su primer año de matrimonio. Cuatro años después nací yo, y dos años más tarde mamá murió de un ataque cardíaco repentino. Decían que era cosa corriente en su familia. Yo no la eché de menos, pero creo que Jem sí. La recordaba claramente; a veces, en mitad de un juego daba un prolongado suspiro, y se marchaba a jugar solo detrás de la cochera. Cuando estaba así, yo tenía el buen criterio de no molestarle.

La chiquilla tiene una simpatía arrolladora, y su punto de vista —lleno de inocencia y vivacidad— otorga al relato una frescura y una gracia insuperables, imposibles de reflejar en la brevedad de los párrafos que selecciono. Parte de su encanto consiste en la admiración que siente por su padre y por su hermano.

Jem condescendió en llevarme a la escuela el primer día, tarea que gentilmente hacen los padres de uno, pero Atticus había dicho que a mi hermano le encantaría enseñarme mi clase. Creo que en esa transacción algún dinero cambió de manos, porque mientras doblábamos al trote la esquina de la Mansión Radley, oí un tintineo nada familiar en los bolsillos de Jem.

En la descripción de paisajes, ganar altura es una forma eficaz de abarcar una gran extensión. Retrocedemos a 1900 y subimos a la azotea de la casa andaluza de Juan Ramón Jiménez, en el pueblo de Moguer.

> *Tú, Platero, no has subido nunca a la azotea. No puedes saber qué honda respiración ensancha el pecho cuando, al salir a ella de la escalerilla oscura de madera, se siente uno quemado en el sol pleno del día, anegado de azul como al lado mismo del cielo, ciego del blancor de la cal, con la que, como sabes, se da al suelo de ladrillo para que venga limpia al aljibe el agua de las nubes.*
>
> *¡Qué encanto el de la azotea! Las campanas de la torre están sonando en nuestro pecho, al nivel de nuestro corazón, que late fuerte; se ven brillar, lejos en las viñas, los azadones, con una chispa de plata y sol; se domina todo: las otras azoteas; los corrales, donde la gente, olvidada, se afana, cada uno en lo suyo —el sillero, el pintor, el tonelero—; las manchas de arbolado de los corralones, con el toro o la cabra; el cementerio, adonde a veces llega, pequeñito, apretado y negro, un inadvertido entierro de tercera; ventanas con una muchacha en camisa que se peina, descuidada, cantando; el río, con un barco que no acaba de entrar...*
>
> Juan Ramón Jiménez
> *Platero y yo*

Seguimos ganando altura. Muy por encima de una azotea, Clarín verá Oviedo desde la esbelta aguja gótica de su catedral, por los ojos de dos monaguillos:

> *La heroica ciudad dormía la siesta. El viento sur, caliente y perezoso, empujaba las nubes blanquecinas*

que se rasgaban al correr hacia el norte [...]. Vetusta, la muy noble y leal ciudad, corte en lejano siglo, hacía digestión del cocido y de la olla podrida, y descansaba oyendo entre sueños el monótono y familiar zumbido de la campana del coro, que retumbaba en lo alto de la esbelta torre en la santa Basílica.

Empezaba el otoño. Los prados renacían, la yerba había crecido fresca y vigorosa con las últimas lluvias de septiembre. Los castañedos, robledales y pomares que en hondonadas y laderas se extendían sembrados por el ancho valle, se destacaban sobre prados y maizales con tonos oscuros; la paja del trigo, escaso, amarilleaba entre tanta verdura. Las casas de labranza y algunas quintas de recreo, blancas todas, esparcidas por sierra y valle, reflejaban la luz como espejos.

Clarín
La Regenta

Todavía podemos superar las alturas góticas de Oviedo y describir una ciudad gallega a vista de pájaro.

La gaviota levantó el vuelo y acuchilló la madrugada con un chillido estridente. Había pasado la noche a bordo de una batea mecida por la mar tranquila de septiembre. Sin elevarse apenas, se dejó llevar por la brisa del sur hacia Moaña. Sobrevoló el muelle ajetreado por la descarga de la pesca nocturna. Giró entonces contra el viento, aleteó con fuerza y ascendió hasta que pudo abarcar con su mirada todo el triángulo de la ría. Amanecía. Allá abajo iba cobrando forma y color un mundo todavía bucólico, agrupación confusa de casas, huertos, maizales y vides. Un mundo como un tapiz viviente extendido por valles y riberas en miniatura. Nacía la luz por el estrecho de Rande y dibujaba los contornos de las montañas. Apenas se veían las islas Cíes, envueltas en la niebla del crepúsculo. Y en medio de esa acuarela marinera y rural, Vigo despertaba.

José R. Ayllón
Vigo es Vivaldi

Vigo y Barcelona son ciudades muy diferentes. Si la población atlántica es, entre otras cosas, una alborotada confederación de aldeas en torno a una ría prodigiosa, la Ciudad Condal es una urbe cosmopolita y burguesa, con una historia milenaria, bendecida por la luz y el clima del Mediterráneo.

Barcelona gana mucho en septiembre. Casi toca la perfección. Después del verano pegajoso y húmedo, con su luz excesiva, el otoño ensaya su gama de colores en los parques y sus nostalgias en los corazones. El sol sigue siendo radiante, pero modera sus ardores y no molesta a nadie. Lo decisivo, sin embargo, son las multitudes veraniegas que se esfuman, y la ciudad que de nuevo se torna paseable. No costaría imaginar que algún pícaro ha quitado el tapón de un misterioso desagüe por donde se ha escurrido la pleamar de turistas. Aunque parezca increíble, la invasión nipona de la Sagrada Familia también concluye este mes. Las Ramblas

—otro referente inevitable— dejan de ser esa multitudinaria representación de Naciones Unidas y recuperan su identidad catalana. El metro ya no es un hormiguero. Los autobuses ofrecen asientos libres. Y sales a la calle sin temor de avalanchas humanas.

José R. Ayllón
Otoño azul

Hemos leído el primer párrafo de *Otoño azul*. Muy lejos de Vigo y Barcelona, Charles Dickens, en los tiempos del capitalismo salvaje y la Revolución industrial, describe con trazos duros una ciudad minera de Inglaterra:

Era una ciudad de ladrillo rojo, es decir, de ladrillo que habría sido rojo si el humo y la ceniza se lo hubieran consentido; como no era así, la ciudad tenía un extraño color rojinegro, parecido al que usan los salvajes para embadurnarse la cara. Era una ciudad de máquinas y de altas chimeneas, por las que salían interminables serpientes de humo que no acababan nunca de desenroscarse, a pesar de salir y salir sin interrupción. Pasaba por la ciudad un negro canal y un río de aguas teñidas de púrpura maloliente. La ciudad tenía también grandes bloques de edificios, y en ellos las gentes entraban y salían a idénticas horas, para idéntica ocupación en días iguales año tras año.

Charles Dickens
Tiempos difíciles

II

EL BUEN ESTILO

Los escritores —también los mejores— suelen tener modelos, no solo en sus primeros pasos. En ese aprendizaje va cuajando el propio estilo, la personal forma de escribir. Un estilo puede ser bueno de muchas maneras:

* Con abundantes explicaciones o ceñido a lo esencial.
* Con oraciones simples o compuestas, sobrias o barrocas.
* Pegado a la realidad o a lomos de la imaginación.
* Con más o menos adjetivos, metáforas y comparaciones.
* Con palabras cotidianas o inusuales, elegantes o sencillas.

6. Estilo, tono y ritmo

Podemos apreciar la diversidad de estilos en textos muy diferentes. Juan Ramón Jiménez esboza a continuación una familia húngara con estilo realista, ágil y descriptivo, donde destacan tres acertadas comparaciones y una sabia selección de sustantivos.

> *La muchacha, estatua de fango, derramada su abundante desnudez de cobre entre el desorden de sus andrajos de lanas granas y verdes, arranca la hierbaza seca a que sus manos, negras como el fondo de un puchero, alcanzan. La chiquilla, pelos toda, pinta en la pared, con cisco, alegorías obscenas. El chiquillo se orina en su barriga como una fuente en su taza, llorando por gusto. El hombre y el mono se rascan, aquél la greña, murmurando, y éste las costillas, como si tocase una guitarra.*

Juan Ramón Jiménez
Platero y yo

En Bécquer encontramos siempre, tanto en prosa como en verso, una profusa y eficaz adjetivación. En esta ocasión, al servicio de un ambiente de misterio donde se mezcla lo sobrenatural con lo real, rasgo muy propio del romanticismo.

> *Primero unas y luego las otras más cercanas, todas las puertas que daban paso a su habitación iban sonando por su orden; éstas con un ruido sordo y suave; aquéllas con un lamento largo y crispador. Después, silencio; un silencio lleno de rumores extraños, el silencio de la media noche, con un murmullo monótono de agua distante; lejanos ladridos de perros, voces confusas, palabras ininteligibles; ecos de pasos que van y*

vienen, crujir de ropas que se arrastran, suspiros que se ahogan, respiraciones fatigosas que casi no se sienten, estremecimientos involuntarios que anuncian la presencia de algo que no se ve y cuya aproximación se nota, no obstante, en la oscuridad.

Gustavo Adolfo Bécquer
El Monte de las Ánimas

El siguiente párrafo es prosa poética muy elaborada. La estética de Ruiz Zafón tiende a ser gótica y expresionista, con influencia de la narrativa audiovisual.

Las calles aún languidecían entre neblinas y serenos cuando salimos al portal. Las farolas de las Ramblas dibujaban una avenida de vapor, parpadeando al tiempo que la ciudad se desperezaba y se desprendía de su disfraz de acuarela. Al llegar a la calle Arco del Teatro nos aventuramos camino del Raval, entonces Barrio Chino, bajo la arcada que prometía una bóveda de bruma azul. Seguí a mi padre a través de aquel camino angosto, más cicatriz que calle, hasta que el reluz de la Rambla se perdió a nuestras espaldas. La claridad del amanecer se filtraba desde balcones y cornisas en soplos de luz sesgada que no llegaban a rozar el suelo.

Ruiz Zafón
La sombra del viento

Jorge Luis Borges —cantero, alfarero, joyero y arquitecto con las palabras— alcanza en su prosa una perfección comparable a un templo griego, mezcla de equilibrio, armonía y exactitud.

En el hall de la estación advirtió que faltaban treinta minutos. Recordó bruscamente que en un café de la calle Brasil (a pocos metros de la casa de Yrigoyen) había un enorme gato que se dejaba acariciar por la gente, como una divinidad desdeñosa. Entró. Ahí estaba el gato, dormido. Pidió una taza de café, la endulzó lentamente, la probó (ese placer le había sido vedado en la clínica) y pensó, mientras alisaba el negro pelaje, que aquel contacto era ilusorio y que estaban como separados por un cristal, porque el hombre vive en el tiempo, en la sucesión, y el mágico animal, en la actualidad, en la eternidad del instante.

Jorge Luis Borges
El Sur

Un ingrediente esencial del estilo es el tono. Boris Pasternak, poeta y novelista ruso, premio Nobel, sabía que los traductores, si no son muy buenos, «están acostumbrados a reproducir el sentido literal, en vez del tono del texto. Y, por supuesto, es el tono lo que cuenta». Se trata de una cualidad muy sutil, que podríamos definir como la forma de transmitir la emoción que se debe sentir al leer un texto.

Igual que la voz humana, el tono de un texto puede ser amistoso o áspero, cordial o seco, alegre o triste, exaltado por la euforia o teñido de melancolía. Puede sonar humilde o altanero, odioso o seductor, intimista o realista, y también formal, informal, solemne, sombrío, serio, irónico, condescendiente, odioso, amoroso... Las combinaciones de estas características son innumerables, tantas como escritores y personajes.

Siguieron adelante. Transcurrió otra hora y era casi de noche cuando por fin alcanzaron al ladrón, do-

blado sobre el carrito, caminando con esfuerzo por la carretera. Cuando miró hacia atrás y los vio trató de correr con el carrito, pero era inútil y finalmente se detuvo y se situó detrás del carrito empuñando un cuchillo de carnicero. Al ver la pistola retrocedió unos pasos, pero sin soltar el cuchillo.

Apártate del carrito, dijo el hombre.

Los miró. Miró al chico. Era un desterrado de una de las comunas y le habían cortado los dedos de la mano derecha. Intentó esconderla detrás de su espalda. Una especie de espátula carnosa. El carrito estaba cargado hasta arriba. Se lo había llevado todo.

Apártate del carrito y suelta el cuchillo.

Cormac McCarthy
La carretera

Leer *La carretera* —premio Pulitzer 2007— es como caminar descalzo sobre cristales rotos. Duele la prosa de McCarthy, la descripción de un mundo devastado, donde un padre y su hijo luchan a diario por sobrevivir. El estilo desnudo es eficaz y directo como una bofetada. Lenguaje cincelado y riquísimo, sin adjetivos. Diálogos, los justos, a menudo condensados en monosílabos.

Por contraste, dos párrafos de autores muy diferentes:

Aquellos parajes monteses no los había traspuesto jamás: Íbamos tan cimeros, que los valles se aparecían lejanos, miniados, intensos, con el translúcido de los esmaltes: eran regazos de gracia, y los ojos se santificaban en ellos.

Ramón María del Valle-Inclán
Lámpara maravillosa

No era preciso lavar los cuencos, ya que los niños los pulían con sus cucharas hasta sacarles brillo, y al terminar esta operación —en la que no tardaban mucho, por ser las cucharas casi del mismo tamaño que las escudillas—, se sentaban mirando fijamente el caldero, con ávidos ojos, que parecían devorarlo, entreteniéndose, entretanto, en chuparse los dedos con la mayor fruición, a fin de recoger las salpicaduras de gachas que pudieran haber quedado en ellos. Por regla general, los niños gozan de excelente apetito. Oliver Twist y sus compañeros sufrían desde hacía tres meses las torturas de aquella lenta inanición; por último, se hizo tan voraz y desaforada su hambre, que uno de los chiquillos, bastante alto para su edad, y que no estaba acostumbrado a aquello, puesto que su padre tuvo una pequeña casa de comidas, anunció secretamente a sus compañeros que, si no le daban otro plato de gachas per diem, tenía miedo de llegar a comerse al niño que dormía junto a él.

Charles Dickens
Oliver Twist

Dickens criticará sin descanso la realidad social de la Inglaterra preindustrial, donde los niños eran muy vulnerables. Pero su crítica no es agria. Las leyes y las conductas abusivas pueden mejorar. Jamás dirá, como Francisco de Quevedo:

y no hallé cosa en que poner los ojos
que no fuese recuerdo de la muerte.

La denuncia de Dickens estará siempre dulcificada por una compasión sincera y un humor benévolo. Nada parecido al humor corrosivo de Quevedo, que despelleja a Góngora por el tamaño de su nariz sospechosamente judía:

Érase un hombre a una nariz pegado,
[...]
Érase el espolón de una galera,
Érase una pirámide de Egipto,
Las doce tribus de narices era;
Érase un naricísimo infinito,
Frisón archinariz, caratulera,
Sabañón garrafal morado y frito.

Francisco de Quevedo
A una nariz

En Dickens y en Quevedo, el humor conseguido con hipérboles adopta dos tonos muy diferentes: el jocoso y el grotesco. Si el primero nos resulta simpático, el segundo nos parece humillante. Mucho mayor que la nariz de Góngora era la de Cyrano, pero su poseedor sabrá reírse de sí mismo y contagiar al lector:

Ni el capricho puedo permitirme
de ser amado por la más fea.

Me lo prohíbe esta nariz que llega
un cuarto de hora antes de que se me vea.
[...]
Mírame bien, amigo, y dime qué esperanza
podría tener yo con esta protuberancia.

Edmond Rostand
Cyrano de Bergerac

El tono del emperador Marco Aurelio revela discreción, sabiduría y serenidad, con la autoridad natural de un padre:

A todas horas debes pensar, como romano y como hombre, en hacer lo que tienes entre manos, con seriedad meticulosa y sincera, con amor, libertad y justicia, y en no perder el tiempo con fantasías inútiles.

Marco Aurelio
Meditaciones

Tono y estilo se conjugan con maestría en Joseph Conrad cuando nos permite ver —no solo entender— la terrible situación de las tropas de Napoleón en Rusia:

Entonces empezó la larga desbandada del Gran Ejército. Yo lo he visto avanzar en tropel, como una fatal estampida de demacrados y espectrales pecadores, a lo largo del más profundo y helado de los círculos del Infierno de Dante [...]. Para poder salir de Rusia, bajo un frío capaz de partir piedras, los que lograron escapar debían de tener el alma clavada al cuerpo con remaches dobles.

Joseph Conrad
El alma del guerrero

Todos los textos de este libro se han seleccionado por su calidad literaria, uno de cuyos ingredientes es el sentido del ritmo.

Platón definió el ritmo como «el orden en el movimiento». Es algo que apreciamos en la forma de hablar y de andar, en las pulsaciones del corazón y en la sucesión de las cuatro estaciones. Todo en el universo está marcado por el ritmo.

Se trata de un elemento esencial de la poesía, logrado por la distribución regular de los acentos y por la repetición de sílabas y estructuras sintácticas. En la prosa literaria, el ritmo es la velocidad y la cadencia con que leemos un párrafo, una página, un capítulo... El buen ritmo de un texto le confiere musicalidad. La ausencia de ritmo se percibe como tosquedad en la elección de las palabras y en la construcción de las frases. El ritmo hace que la buena prosa se lea con placer y sin esfuerzo. Como dicen los músicos de jazz, suena por sí misma.

7. Las figuras y su reina

Un texto literario es un texto embellecido. Eso significa que ha sido ahormado o troquelado —mucho más que maquillado— en los moldes de las figuras literarias: metáfora y comparación; hipérbole e ironía; anáfora, aliteración, retrato, perífrasis, personificación y una veintena más. Sin pasar por esa cirugía estética, ningún texto se convierte en literario. Las figuras —también llamadas recursos estilísticos— son un elemento esencial del estilo. Sin ellas puede haber escritura científica, jurídica, médica, administrativa..., pero no literaria.

La metáfora pasa por ser la reina de las figuras. Se trata de una identificación inesperada e inteligente entre dos realidades muy diferentes. Unas gafas no son andamios, pero Antonio Machado las convertirá en andamios de sus ojos. Un avión no es un pájaro, pero le podemos llamar pájaro de níquel. Un toro, un lince, un gusano no son seres humanos. Sin embargo, de forma metafórica, puedo afirmar que una persona, por sus defectos o cualidades, es un toro, un lince, un perro, un burro, un zorro, un gusano... También la podemos elevar a la categoría de sol, ángel, tesoro, reina... Incluso podemos llamar flor a un caballero sin que nadie se sonría:

Que de noche lo mataron al caballero,
la gloria de Medina, la flor de Olmedo.

Al igualar lo que no es igual, la metáfora sorprende al lector, apela a su inteligencia y enriquece su comprensión. Al escribir «Miré los muros de la patria mía», Quevedo está identificando España con un castillo o con una ciudad amurallada. Esa identificación de dos realidades muy diferentes es posible cuando el corazón y la cabeza pueden captar cierta relación entre ambas, un puente invisible. Precisamente «un hachazo invisible y homicida» es la muerte para Miguel Hernández. Y, para Jorge Manrique, la mar donde desembocan y mueren de forma inexorable los ríos de nuestras vidas individuales.

Nuestras vidas son los ríos
que van a dar en la mar,
que es el morir.
[...]
Los placeres y dulzores
de esta vida trabajada

que tenemos,
no son sino corredores,
y la muerte, la celada
en que caemos.

La comparación se parece mucho a la metáfora. Son célebres las de Homero por su generosa longitud.

Como el corcel vencedor en la carrera de carros trota veloz por el campo, con esa ligereza movía Aquiles sus pies y sus rodillas.

García Lorca comienza su retrato de Sánchez Mejías con dos comparaciones inolvidables:

Como un río de leones
su maravillosa fuerza,
y como un torso de mármol
su dibujada prudencia.

En *La Celestina* asistimos a la desolación de Pleberio ante el cadáver de su hija Melibea. Su desahogo es una conmovedora catarata de comparaciones y metáforas.

¡Oh vida de congojas llena, de miserias acompañada! ¡Oh mundo, mundo! [...]. Yo pensaba en mi más tierna edad que eras y eran tus hechos regidos por alguna orden. Ahora, visto el pro y la contra de tus bienandanzas, me pareces un laberinto de errores, un desierto espantable, una morada de fieras, juego de hombres que andan en corro, laguna llena de cieno, región llena de espinas, monte alto, campo pedregoso, prado lleno de serpientes, huerto florido y sin fruto, fuente de cuidados, río de lágrimas, mar de miserias, traba-

jo sin provecho, dulce ponzoña, vana esperanza, falsa alegría, verdadero dolor.

Fernando de Rojas
La Celestina

La interrogación retórica no espera respuesta, pues está implícita en la pregunta o no la podemos conocer. Cicerón la emplea con gran eficacia en uno de sus más famosos discursos, más tarde puesto por escrito. Un orador experto hubiera comenzado ante el Senado con un «yo acuso a Catilina de tramar conjuración contra la patria». Cicerón fue expeditivo. Se dirigió directamente al acusado y fulminó su arrogancia con tres preguntas a bocajarro: *Quousque tandem abutere, Catilina, patientia nostra?*

¿Hasta cuándo, Catilina, seguirás abusando de nuestra paciencia? ¿Hasta cuándo seremos juguetes de tu odio? ¿Hasta dónde llegará tu insensato atrevimiento?

Son célebres las interrogaciones que encadena Jorge Manrique en tres de las cuarenta *Coplas a la muerte de su padre*. Ejemplifican bien la reflexión medieval sobre la fugacidad de la vida, la dolorosa pregunta —ubi sunt?— por cualidades, riquezas y personas desaparecidas.

¿Qué se hizo el rey don Juan?
Los infantes de Aragón
¿qué se hizieron?
¿Qué fue de tanto galán,
qué fue de tanta invención
como trujeron?

Shakespeare pone en boca del judío Shylock estas preguntas que refuerzan su elocuente alegato contra la discriminación:

> *¿Es que un judío no tiene ojos? ¿Tampoco tiene manos, órganos, proporciones, sentidos, afectos y pasiones? ¿Es que no está nutrido por los mismos alimentos que un cristiano, herido por las mismas armas, sujeto a las mismas enfermedades, curado por los mismos remedios, calentado y enfriado por el mismo verano y por el mismo invierno? Si nos pincháis, ¿no sangramos? Si nos hacéis cosquillas, ¿no reímos? Si nos envenenáis, ¿no nos morimos? Y si nos ultrajáis, ¿no nos vengaremos?*

William Shakespeare
El mercader de Venecia

El viejo Pleberio, al que ya hemos escuchado, estira su queja en una sucesión de preguntas. Enajenado por el dolor, el dramatismo de sus perplejidades resulta insoportable porque no hay respuesta para ellas; porque ya es demasiado tarde; porque la tragedia no tiene vuelta atrás.

> *¡Oh, amor, amor! [...]. ¿Quién te dio tanto poder? ¿Quién te puso nombre que no te conviene? [...]. ¡Oh, mi hija despedazada! ¿Por qué no quisiste que estorbase tu muerte? ¿Por qué no hubiste lástima de tu querida y amada madre? ¿Por qué te mostraste tan cruel con tu viejo padre? ¿Por qué me dejaste cuando yo te había de dejar? ¿Por qué me dejaste penado? ¿Por qué me dejaste triste y solo* in hac lachrymarum valle?

El hipérbaton altera el orden lógico de las palabras. Usado en la poesía clásica, confiere al texto expresividad, adorna el lenguaje, le imprime cierta intriga, da profundidad al significado. También permite al Barroco alardear de ingenio, jugar con las palabras y con el lector. «En una de fregar cayó caldera», escribe Góngora. Y Quevedo entra en una casa que «de anciana habitación era despojos». Aunque el hipérbaton puede usarse con tosquedad, es capaz de producir joyas como esta lira de Garcilaso:

Si de mi baja lira
Tanto pudiese el son, que en un momento
Aplacase la ira
Del animoso viento,
Y la furia del mar y el movimiento;

La anáfora proporciona ritmo y musicalidad al repetir una palabra en el inicio de varias frases o versos seguidos. La hemos visto en las preguntas de Cicerón a Catilina y en los «qué» de Manrique. La veremos de nuevo en Lorca.

La repetición del mismo sonido, dentro de una frase, se llama aliteración. Está asociada a la musicalidad y al ritmo. En el Siglo de Oro, Garcilaso de la Vega en la *Égloga III*, y San Juan de la Cruz en *Cántico espiritual*, nos regalan las dos aliteraciones más brillantes de la lírica castellana. Garcilaso escribe:

En el silencio solo se escuchaba
un susurro de abejas que sonaba.

A San Juan, el mundo creado le habla del Creador, pero lo hace en un lenguaje sumamente vago. El poeta se esfuerza en escuchar a las criaturas, aunque solo percibe

Un no sé qué que quedan balbuciendo.

La antítesis o contraposición tiene la fuerza de la imagen clara que se recorta sobre fondo oscuro. El contraste ayuda a entender lo que se quiere explicar. Escribe Natalia Ginzburg:

> *Por lo que respecta a la educación de los hijos, creo que no hay que enseñarles las pequeñas virtudes, sino las grandes. No el ahorro sino la generosidad y la indiferencia hacia el dinero; no la prudencia, sino el coraje y el desprecio por el peligro; no la astucia, sino la franqueza y el amor por la verdad; no la diplomacia, sino el amor al prójimo y la abnegación; no el deseo del éxito, sino el deseo de ser y de saber.*
>
> Natalia Ginzburg
> *Las pequeñas virtudes*

La hipérbole exagera la realidad de lo que escribimos. Como es lógico, el escritor no pretende engañar o transmitir una idea falsa, sino ganar fuerza expresiva. Nadie entiende literalmente que la nariz de Góngora sea, como afirmaba Quevedo, grande como una pirámide de Egipto o retorcida y picuda como un alambique. Dickens logra con su habitual tono hiperbólico un eficaz y constante sentido del humor:

> *Londres [...]. Un tiempo implacable de noviembre. Tanto barro en las calles como si las aguas acabaran de retirarse de la faz de la Tierra y no fuera nada extraño encontrarse con un megalousaurio [...]. Perros invisibles en el fango. Caballos, poco menos que enfangados hasta las anteojeras. Peatones que entrechocan sus paraguas [...], que se resbalan en las esquinas, donde decenas de miles de otros peatones llevan resbalándose y cayéndose desde que amaneció (si cupiera decir que ha amanecido) y añaden nuevos sedimentos*

a las costras superpuestas de barro, que en esos puntos se pega tenazmente al pavimento y se acumula a interés compuesto.

Charles Dickens
Casa Desolada

8. El retrato

Si la metáfora es la reina de las figuras, el retrato bien puede ser el rey.

Aire de Roma andaluza
le doraba la cabeza
donde su risa era un nardo
de sal y de inteligencia.
¡Qué gran torero en la plaza!
¡Qué buen serrano en la sierra!
¡Qué blando con las espigas!
¡Qué duro con las espuelas!
¡Qué tierno con el rocío!
¡Qué deslumbrante en la feria!
¡Qué tremendo con las últimas
banderillas de tiniebla!

García Lorca
Llanto por Sánchez Mejías

Apoyado en la anáfora, García Lorca nos regala este soberbio retrato de un amigo muerto, el banderillero sevillano Ignacio Sánchez Mejías. Muy diferente a Lorca, Miguel d'Ors tenía 21 años cuando escribió este delicado e inteligente retrato en verso, enlazando metáforas y comparaciones realmente inspiradas:

Yo os diría
su aroma de maderas preciosas,
su palidez copiada por la luna en febrero
y su contacto noble de pan de pueblo.

Os hablaría de su cabello suelto,
de cómo huele a noche, a sombra de algún río,
de sus manos, de esas dos palomas viajeras,
de esa cristalería de su risa en el mundo.

Cantaría su cintura de palma de las islas,
sus caderas de cántaro sencillo
y las uvas salvajes de sus labios.

Explicaría su lluviosa mirada,
la azucena serena de su cuerpo
en medio de las noches,
le daría su nombre de arroyo
de montaña, de tierra laborable.

Cantaría a la sombra de su sonrisa
como quien canta una mañana debajo de un cerezo
y os diría, os diría, os diría mil cosas
si existiesen palabras para ella.

Miguel d'Ors

La manera más sencilla de presentar a un personaje, muy común en las viejas novelas, consiste en suministrar su descripción física y el resumen de su biografía. El retrato de Dorothea Brooke en el primer capítulo de *Middlemarch* es un ejemplo consumado de este método:

La señorita Brooke poseía ese tipo de belleza que los vestidos más sencillos parecen poner de relieve. La de-

licadeza de sus manos y muñecas le permitía llevar mangas tan desprovistas de estilo como aquellas con que la Virgen María se aparecía a los pintores italianos; y su perfil, su figura y su porte se revestían de mayor dignidad en razón de sus trajes, que, por su contraste con las modas provincianas, le daban el empaque de una cita bíblica —o de un verso de nuestros poetas clásicos— en un párrafo de un periódico actual. Se decía de ella que su inteligencia era extraordinaria, pero con la apostilla de que su hermana Celia tenía más sentido común.

George Eliot
Middlemarch

Lo ideal es que el retrato describa al personaje de forma completa, por dentro y por fuera, con sus características físicas, psicológicas y morales. Así lo hemos visto en los versos de García Lorca, y así lo apreciamos en esta semblanza de la reina española sobre la que más se ha escrito:

Era Isabel de estatura mediana, buena complexión y conversación agradable. Tenía el cabello rubio y la tez blanca, como los Trastámara. Era prudente y sencilla, elegante y hermosa, con ojos verdeazules. Las peripecias hasta llegar a casarse con Fernando darían para una magnífica novela de intriga y aventuras. Llevaba la política en los genes y sabía que por su desempeño tendría que rendir estrecha cuenta a Dios. Por eso rezaba con ahínco, y por la misma razón quiso rodearse de los mejores: Mendoza, Talavera, Cisneros, Beatriz Galindo... Su

autoridad, desde muy joven, era ya natural e indiscutida. Entendía de pintura y escultura, de arquitectura y música. Dio nombre al bello estilo isabelino. Disfrutaba leyendo y paseando a caballo. Le gustaba la caza. Estuvo siempre enamorada de su marido. Educó personalmente a sus cinco hijos. No podía soportar la zafiedad. Nunca perdía la compostura y no probaba el vino. Supo ser comprensiva, compasiva y caritativa. Hizo la guerra en retaguardia, procurando la intendencia y organizando los hospitales de campaña. Su mera presencia despertaba —en la corte o en las tropas— reverencia, cariño y admiración.

Jean Dumont
La incomparable Isabel la Católica

Un retrato no debe parecer hagiografía o panegírico, salvo que el retratado sea realmente una persona ejemplar. El escritor ha de dar cuenta de virtudes y defectos, y abstenerse de juzgar. Si juzga, conviene que se incline por la benevolencia y la comprensión.

Alberto es, con diferencia, el más listo de la clase, y lo sabe. Su moreno es de un fino color caramelo café con leche, también en pleno invierno. Eso, de entrada, son puntos a favor entre el gremio femenino. Su corpulencia, sin ser excesiva, le hace andar pesadamente sobre sus zapatones y ser lento en la cancha de básquet . Cuida bastante la imagen. El pelo negro le cae casi hasta el hombro, suelto y bien lavado. Suele adornarse un lóbulo con un discreto aro y, cuando llueve, se coloca una boina con caída más vasca que gallega. Entonces le llamamos Cheguevara, y no le gusta demasiado. La sonrisa fácil, de oreja a oreja, es su mejor tarjeta de visita. Es la sonrisa propia del que mira el mundo un poco desde arriba, del que saborea la vida y lo tiene todo bajo control. Por eso hay gente que no le traga, aunque esos mismos darían cualquier cosa por su amistad.

José Ramón Ayllón
Vigo es Vivaldi

Álvaro Cunqueiro dibuja, con tanta gracia como maestría, al protagonista de su novela *Cuando el viejo Sinbad vuelva a las islas*:

Sinbad es alto, robusto, y tiene andar de mucha gravedad, aunque tenga la pierna derecha un poco más corta que la izquierda; tiene barba blanca muy espesa, sin partir, y casi todos los jueves con la navaja de pulso le hace un redondeo, y para que se le vuelva en la punta, pone por las noches rizadores de palosanto. Gasta siempre turbante de dril tirando a marrón, y es cejijunto, y por debajo de la selva pilosa muestra el alma por dos grandes ojos negros. Digo que muestra el alma por la inocencia y el entusiasmo de su mirar, que los ojos suyos no callan nada, ni burlas ni veras, y se adelantan, cuando Sinbad habla, a las palabras suyas, alertando, sonriendo, entristando. A veces se pudieran ver países en fiesta en sus ojos. Tiene un hablar muy súbito, y va diciendo seguido y rápido, y se detiene y mete un silencio que puede ser de un cuarto de hora.

Álvaro Cunqueiro
Cuando el viejo Sinbad vuelva a las islas

Un luminoso día de verano, un joven profesor llega a su casa y advierte que su esposa está charlando con una desconocida. Aprecia que es joven y alta, con un vestido azul y una sonrisa muy especial, pues llameaba en la penumbra del apartamento. Después añade:

> *Llevaba el pelo recogido hacia atrás en un moño, como para despejarle la cara y enmarcar su expresión, y en aquella cara todo sonreía: labios, dientes, mejillas, ojos... Quiero decir que tenía una cara de lo más vivo y, como vi inmediatamente, realmente hermosa.*

Wallace Stegner
En lugar seguro

Tras una sencilla presentación, el profesor empieza a comprobar que la conversación de esa chica es tan animada como su rostro. Se llama Charity. Les va contando su vida y su matrimonio entre las tostadas de canela y el té, mientras tira de la lengua a los anfitriones para que hagan lo mismo. Pasan las horas y nadie quiere romper el encanto. Al final el profesor y su esposa acompañan a Charity hasta un polvoriento Chevrolet y se quedan agitando las manos mientras el coche se aleja entre los árboles.

> *Nuestra última impresión de ella, cuando doblaba la esquina, fue aquella sonrisa que nos lanzó al volverse, como si fuera un puñado de flores.*

Explica David Lodge que los personajes son las piezas más importantes de la novela. Otras formas narrativas, como la poesía épica, y otras artes, como el teatro y el cine, pueden contar una historia tan bien como la novela, pero nada puede igualar la gran tradición novelística

europea en cuanto a riqueza, variedad y profundidad psicológica de su retrato de la naturaleza humana.
Sin embargo, el personaje es probablemente, de todos los aspectos del arte de la ficción, el más difícil de lograr y de analizar. En parte, por la amplísima gama de tipos y maneras de representarlos: principales y secundarios, redondos y planos, vistos desde dentro de su propia mente y desde fuera...

El autorretrato tiene para el lector un interés especial, pues no deja de ser una confesión. *Confesiones* tituló San Agustín el libro donde cuenta su juventud y abre su alma a Dios y a los lectores, con tanta fuerza que inaugura el género autobiográfico. Antes de cumplir treinta años, Agustín dominaba la historia de Roma y la filosofía griega; escribía con la brillantez de Séneca o Cicerón; gozaba de enorme prestigio como profesor de oratoria forense; tenía dinero y amigos; la vida le sonreía y se había echado en brazos del hedonismo mediterráneo. Pero no era feliz, y nos repite una y mil veces que vivía insatisfecho, frustrado.

> *Me sentía fuertemente atraído por las obras de teatro, repletas de las imágenes de mis propias miserias y de los incentivos de mi fogosidad. Disfrutaba viendo a los amantes engolfados en sus vicios, y sus desgracias me arrancaban lágrimas. Así era mi vida, si es que a eso se le podía llamar vida [...]. Al mismo tiempo, me dedicaba a los prestigiosos estudios que tenían como meta la carrera forense, los tribunales y los pleitos. Buscaba el prestigio de esa profesión, que se adquiere cuanto más se recurre con éxito a procedimientos fraudulentos. Yo*

era el mejor de mi promoción en la escuela de retórica, y disfrutaba con vanidad y pedantería [...]. Durante nueve años, desde los diecinueve hasta los veintiocho, ejercí el doble oficio de seducido y seductor. Víctima de la ambición y profesor de retórica, vendía una palabrería destinada a cosechar laureles. En público, orgulloso de las disciplinas humanísticas. En secreto, supersticioso. Y en todo momento, vacío.

San Agustín
Confesiones

En julio de 1613, cerca ya de su muerte, Cervantes se presentaba ante los lectores de sus *Novelas ejemplares* con un autorretrato jocoso. Del soldado que participó en Lepanto o del cautivo que resistió seis años en Argel apenas quedaban las cicatrices y el orgullo, pero tampoco había mucho del hombre desengañado que recorrió Andalucía recaudando impuestos. Quien escribe este autorretrato es un viejo atento, sobre todo, a la salvación de su alma: «Mi edad no está ya para burlarse con la otra vida».

Éste que veis aquí, de rostro aguileño, de cabello castaño, de frente lisa y desembarazada, de alegres ojos y de nariz corva, aunque bien proporcionada; las barbas de plata, que no ha veinte años que fueron de oro; los bigotes grandes, la boca pequeña, los dientes, ni menudos ni crecidos, porque no tiene sino seis, y éstos mal acondicionados y peor puestos, porque no tienen correspondencia los unos con los otros; el cuerpo entre dos extremos, ni grande ni pequeño; la color viva, antes

blanca que morena; algo cargado de espaldas y no muy ligero de pies. Éste digo que es el rostro del autor de La Galatea y de Don Quijote de la Mancha.

Miguel de Cervantes

El autorretrato de Cervantes y el de Antonio Machado están separados por tres siglos. El gran poeta de la Generación del 98, tal vez el mejor del siglo XX español, nos sorprende con su sencillez sincera y su grandeza humana. En 1912 murió Leonor, su joven esposa, y vio la luz *Campos de Castilla*, el mejor de sus libros. Se abría con el célebre Retrato, escrito en serenos alejandrinos. El poeta, entonces profesor de francés en el Instituto de Soria, había cambiado la bohemia parisina por un inteligente realismo.

Mi infancia son recuerdos de un patio de Sevilla,
y un huerto claro donde madura el limonero;
mi juventud, veinte años en tierras de Castilla;
mi historia, algunos casos que recordar no quiero.
[...]
Hay en mis venas gotas de sangre jacobina,
pero mi verso brota de manantial sereno;
y, más que un hombre al uso que sabe su doctrina,
soy, en el buen sentido de la palabra, bueno.
[...]
Desdeño las romanzas de los tenores huecos
y el coro de los grillos que cantan a la luna.
A distinguir me paro las voces de los ecos,
y escucho solamente, entre las voces, una.
[...]
Converso con el hombre que siempre va conmigo
—quien habla solo espera hablar a Dios un día—;

mi soliloquio es plática con ese buen amigo
que me enseñó el secreto de la filantropía.
Y al cabo, nada os debo; debéisme cuanto he escrito.
A mi trabajo acudo, con mi dinero pago
el traje que me cubre y la mansión que habito,
el pan que me alimenta y el lecho en donde yago.
Y cuando llegue el día del último viaje,
y esté al partir la nave que nunca ha de tornar,
me encontraréis a bordo ligero de equipaje,
casi desnudo, como los hijos de la mar.

Antonio Machado
Retrato, Campos de Castilla

9. El verso y la escena

Las obras literarias, atendiendo a su contenido y estructura, se clasifican en grupos que denominamos géneros literarios:

* Lírico (expresado en verso).
* Dramático (ligado al teatro).
* Narrativo (su principal forma actual es la novela).
* Didáctico (ensayo, historia, biografía, memorias, diálogos, aforismos, fábula, epístola, columna de prensa).

La poesía es el género más antiguo. Antes del siglo XXI, todos los españoles tenían muy claro que en primavera *volverán las oscuras golondrinas*; que *la paciencia todo lo alcanza*; que hubo un célebre barco de guerra *con cien cañones por banda*; que *en este mundo traidor, nada es verdad ni mentira*; que *todo pasa y todo queda*; y *que toda la vida es sueño...* Ningún español del pasado siglo desconocía que:

Al olmo viejo, hendido por el rayo
y en su mitad podrido,
con las lluvias de abril y el sol de mayo
algunas hojas verdes le han salido.

Antes del siglo XXI, los ingleses no eran menos a la hora de recitar a Milton y a Shakespeare. Los bachilleres italianos se atrevían con los tercetos de la *Divina comedia*.

Los americanos amaban a Rubén, a Whitman y a Gabriela Mistral, al tiempo que los franceses adoraban el humor de Cyrano. Desde luego, españoles e ingleses, italianos y franceses, no eran los primeros en memorizar los mejores versos de sus poetas. Hace casi tres mil años, mientras los judíos recitaban de memoria los Salmos, los jóvenes griegos aprendían generosos fragmentos de la *Odisea* y la guerra de Troya.

Entretanto la sólida nave en su curso ligero
se enfrentó a las Sirenas: un soplo feliz la impelía
mas de pronto cesó aquella brisa, una calma profunda
se sintió alrededor: algún dios alisaba las olas.
Levantáronse entonces mis hombres, plegaron la vela,
la dejaron caer en el fondo y, sentándose al remo,
blanqueaban de espumas el mar con las palas pulidas.

Por mi parte con el bronce agudo corté un pan de cera
y, partiéndolo en trozos pequeños, los fui pellizcando
con mi mano robusta: ablandáronse pronto, que eran
poderosos mis dedos y el fuego del sol de lo alto.
Uno a uno a mis hombres con ellos tapé los oídos
y, a su vez, me ataron de piernas y manos
en el mástil, derecho, con fuertes maromas y, luego,
a azotar con los remos volvieron al mar espumante.
Ya distaba la costa no más que el alcance de un grito

y la nave crucera volaba, cuando bien percibieron
las Sirenas su paso y alzaron su canto sonoro.

Homero
Odisea

Todo ese alarde de memorización lo hace posible la poesía, no la prosa. Sucede que los versos, por su ritmo, su rima y su brevedad, son musicales y pegadizos. Por otra parte, los grandes poemas que fundan pueblos y civilizaciones nacen cuando no existen la imprenta y el libro, en tiempos remotos donde muy pocos sabían leer y escribir, pero casi todos podían recordar y repetir lo que recitaban los aedos y los juglares. De hecho, antes de fijarse por escrito ya se cantaban esos poemas, y se llamaban precisamente *cantos, cantares de gesta*... En un hermoso castellano todavía balbuciente, adaptado para su comprensión actual, el Cid es presentado en su *Cantar* con esta enorme fuerza literaria:

De los sus ojos tan fuertemente llorando,
volvía la cabeza y se quedaba mirando.
Vio las puertas abiertas, postigos sin candados,
y las perchas vacías, sin pieles y sin mantos.

Ya estaba Mío Cid entrando en Burgos
Y llevaba consigo sesenta pendones.
Para verle salían mujeres y varones,
y todos, en su boca, la misma exclamación:
¡Que buen vasallo sería, si tuviera buen señor!

Poema del Cid

Es propio de la buena poesía la condensación de significado y de figuras literarias, hasta el punto de poder encerrar toda una visión del mundo en contadas palabras. Esa doble intensidad, junto al marcado ritmo, es lo que admiramos en los versos siguientes.

Por una mirada, un mundo,
por una sonrisa, un cielo,
por un beso... ¡yo no sé
qué te diera por un beso!

Gustavo Adolfo Bécquer

Para mí soy un ansia y un arcano,
una isla de magia y de temores.

Jorge Luis Borges

¡Quién, quién, naturaleza,
levantando tu gran cuerpo desnudo,
como las piedras, cuando niños,
se encontrara debajo
tu secreto pequeño e infinito!

Juan Ramón Jiménez

Niña morena y ágil, el sol que hace las frutas,
el que cuaja los trigos, el que tuerce las algas,

hizo tu cuerpo alegre, tus luminosos ojos
y tu boca que tiene la sonrisa del agua.

Pablo Neruda

La puerta, franca.
Vino queda y suave.
Ni materia ni espíritu. Traía
una ligera inclinación de nave
y una luz matinal de claro día.

No era de ritmo, no era de armonía
ni de color. El corazón la sabe,
pero decir cómo era no podría
porque no es forma, ni en la forma cabe.
Lengua, barro mortal, cincel inepto,
deja la flor intacta del concepto
en esta clara noche de mi boda,

y canta mansamente, humildemente,
la sensación, la sombra, el accidente,
mientras ella me llena el alma toda.

Dámaso Alonso

Si la poesía es el género más antiguo, el teatro es el más atípico, pues no cabe en un libro y necesita un escenario: se escribe para ser representado, es decir, visto y oído. Además, no imita la realidad por medio de un texto, sino real y físicamente por medio de actores de carne y hueso que hablan unos con otros, que dialogan. Gracias al diálogo —contribución inmensa del teatro a la novela—, al realismo de los cuerpos se suma el maravilloso realismo de las almas, pues el lenguaje de los actores nos introduce en su mundo intelectual, sentimental y moral.

El intenso realismo del teatro, que proviene de su imitación (mímesis), hace que el espectador viva y sienta dentro de la escena, envuelto en una historia que le puede llevar desde la evasión a la catarsis. Con frecuencia, quien va al teatro a ver al hombre acaba viéndose a sí mismo. De esta manera, el teatro se convierte en un acto de responsabilidad social, como lo concibieron los griegos.

El teatro griego, sobre todo la tragedia, es una de las más altas contribuciones culturales de los helenos. Si nos preguntamos por su sabiduría, hemos de reconocer, con asombro, que pone al alcance del gran público la profundidad del pensamiento griego. Si nos preguntamos por su belleza, hemos de responder que está asociada a la tensión en la que viven unos protagonistas enfrentados a situaciones límite. Además, y en gran medida, la grandeza y el valor de la tragedia griega radican precisamente en la facilidad con la que universaliza sus asuntos.

Si en la exhibición circense o deportiva admiramos las posibilidades extraordinarias del cuerpo humano, su evolución en los límites de la velocidad y de la fuerza, con agilidad y coordinación inverosímiles, en la tragedia griega admiramos las posibilidades de la libertad humana en situaciones donde lo que está en juego es la propia vida. Así, la oposición entre el rey Creonte y Antígona refleja esa otra oposición, tan frecuente, entre leyes humanas y leyes divinas, entre la ley y lo que hoy llamaríamos objeción de conciencia. Cuando Creonte pregunta a Antígona por qué ha desobedecido la orden de no sepultar y rendir honras fúnebres a su hermano, escucha esta respuesta:

> *No fue Zeus quien dio esa orden [...]. Y no creo que tus decretos tengan tanta fuerza que obliguen a transgredir las leyes no escritas e inmutables de los dioses, siendo tú mortal. Esas leyes no son de hoy o de ayer, pues siempre han tenido vigencia y nadie sabe cuándo aparecieron. Además, por temor a lo que piense un simple hombre no iba yo a sufrir el castigo divino por su incumplimiento.*
>
> Sófocles
> *Antígona*

Sabemos que podemos ser mordidos por todos los dolores. Y esa terrible posibilidad engendra entre los griegos una incomparable creación estética. En palabras de Valle-Inclán:

> *Aquel gesto violento y divino con que pasan ante nosotros los héroes de la tragedia, tanto nos sobrecoge de horror, cuanto promueve una onda amorosa, piadosa, gozosa, cordial.*

Aristóteles afirma en su *Poética* que la tragedia es la imitación (mímesis) de una acción humana completa, digna, noble y grandiosa. Debe inspirar en el público terror ante las desgracias ineludibles del Destino y compasión por el sufrimiento de nuestros semejantes. Esos sentimientos logran la verdadera finalidad de la tragedia: la catarsis o purificación del espectador.

Tal purificación puede entenderse como descarga de tensión interior, semejante a la que muchos consiguen haciendo deporte o animando a su equipo en un estadio, y también riendo o llorando ante la gran pantalla. Pero la catarsis produce otro efecto mucho más importante: pone en su sitio los sentimientos fundamentales. Para entender este efecto es preciso reconocer que las emociones y las pasiones están con frecuencia «revueltas», de modo que los sentimientos que deberían expresar la armonía de la persona con su entorno resultan en realidad un factor de desorden. Así, por una peligrosa inadecuación entre los sentimientos y la realidad, lo bueno puede parecer malo, lo malo bueno, y podemos conmovernos por una trivialidad mientras permanecemos indiferentes ante algo realmente grave: ¡El fin del mundo y yo con estos pelos!

Los griegos sabían que la educación, además de amueblar la cabeza con conceptos y fortalecer la voluntad con virtudes, ha de llegar hasta los sentimientos para configurarlos correctamente. Si el conocimiento requería lecciones y discursos, la sensibilidad necesitaba la tragedia: una historia densa, capaz de inducir las emociones que realmente corresponden a lo que representa. Para ello, la tragedia presenta lo vil y lo heroico como vil y como heroico, y lo hace de tal manera que provoca las reacciones emotivas correspondientes: lo vil resulta despreciable, lo heroico resulta atractivo, sin ambigüedad ni confusión.

Hoy, el cine de calidad puede conseguir los mismos efectos benéficos del teatro, pues también es un medio privilegiado para representar historias profundas y humanas, que nos permiten experimentar la catarsis gracias, por ejemplo:

* A la categoría de los jóvenes que protagonizan *Carros de fuego*.
* A la conciencia de *Un hombre para la eternidad* y *Sophie Scholl*.
* Al dolor y la muerte en *Katyn* y *Tierras de penumbra*.
* A la figura paterna de *Matar un ruiseñor*.
* Al amor de *Cyrano*, la fortaleza de *Gandhi* y la pasión de *Amadeus*.
* A los 110 minutos de *Amor bajo el espino blanco*.
* A las leyes y la justicia de *Vencedores o vencidos*.
* A la zozobra constante de *¡Corre, Lola, corre!*
* A la amistad en *¡Viven!* y en *La fortuna de vivir*.
* Al magnífico final de *Los gritos del silencio*.
* A Chaplin y la vendedora de claveles en *Luces de la ciudad*.

III

IDEAS Y SENTIMIENTOS

Toda obra literaria ofrece una visión de la vida, un conjunto de ideas y juicios sobre las personas y sus relaciones, sobre lo que se considera bueno o malo, digno o vergonzoso, hermoso o zafio... Además de ideas, en la interioridad humana bulle un enjambre de sentimientos difícil de manejar. Un escritor que aspire a crear personajes convincentes deberá conocer bien el comportamiento de esos huéspedes inevitables y caprichosos. En la página siguiente, una escritora canadiense, maestra de escuela, refleja bellamente esa mezcla de sentido y sensibilidad que constituye al ser humano.

Yo solía estar lista mucho tiempo antes de la hora, con la pizarra cubierta de ejemplos y problemas para resolver. Entonces me sentaba y me entraban las prisas por ver llegar a mis alumnos. No despegaba la mirada de la pequeña cuesta solitaria de la carretera por la que los vería aparecer, uno a uno o en grupos, dibujando un delgado friso en la parte baja del cielo. Me emocionaba cada vez. Veía despuntar aquellas minúsculas siluetas en la amplitud de la llanura vacía y sentía profundamente la vulnerabilidad, la fragilidad de la infancia en este mundo y cómo, sin embargo, depositamos precisamente el peso de nuestras esperanzas frustradas y de nuestros eternos retornos en esos frágiles hombros.

Creo que también me estremecía el hecho de que acudieran a mí, a fin de cuentas, una extraña para ellos, procedentes de todos los rincones. Hoy todavía me sigue conmoviendo la idea de que se le confíe a alguien a quien ni siquiera se conoce, a una pequeña maestra sin experiencia, recién salida de la Escuela Normal como era mi caso, lo más nuevo que hay en la tierra, lo más delicado, lo más fácil también de romper.

[...]

Yo misma, recién salida de los sueños de la adolescencia, tan poco resignada aún a la vida adulta, cuando a primera hora veía aparecer desde la ventana de mi clase a mis pequeños estudiantes por la llanura fresca como el alba del mundo, me daban a veces ganas de salir corriendo y ponerme para siempre a su lado, en lugar de esperarlos en la trampa de la escuela.

Gabrielle Roy
Los niños de mi vida

10. Un sentido a la vida

El ser humano considera que solo hay una cosa por encima de la vida: el sentido de la vida. A su búsqueda han consagrado los grandes escritores sus energías y sus mejores obras, para enseñarnos que lo podemos encontrar en el amor y la amistad, en la familia, en el trabajo y el estudio, en el servicio a los demás, en la relación con Dios.

La voluntad de sentido moverá a los jóvenes griegos que aprenden de Sócrates, Platón y Aristóteles; a los estudiantes de las primeras universidades, en la Edad Media europea; a los humanistas del Renacimiento; a los racionalistas del Barroco; a los románticos, a los ilustrados, y también a tantos idealistas engañados por las banderas de las ideologías.

Un joven psiquiatra vienés quiso contarnos por escrito su durísima experiencia como prisionero en Auschwitz. En su testimonio leemos algo muy significativo:

Algunos hombres iban de barracón en barracón consolando a los demás, dándoles el último trozo de pan que les quedaba. Puede que fueran pocos, pero ofrecían pruebas suficientes de que al hombre se le puede arrebatar todo salvo la última libertad: la elección de su propio camino.

Viktor Frankl
El hombre en busca de sentido

La conclusión del, por entonces, inexperto psiquiatra, va a ser consoladora y sabia:

¿Qué es en realidad el hombre? Es el ser que ha inventado las cámaras de gas y, al mismo tiempo, ha entrado en ellas con paso firme, musitando una oración.

La búsqueda de sentido da alas a muchos escritores. Valgan dos ejemplos rusos. Toda la narrativa de Tolstói y Dostoievski está atravesada por esa indagación incansable. Del primero afirma Isaiah Berlin:

Le interesaba sobre todo saber a qué podían atribuirse la injusticia, la opresión, la falsedad en las relaciones humanas [...], la ceguera moral, el egoísmo, la crueldad, la humillación, el servilismo, la pobreza, el desvalimiento, la amarga indignación, la desesperación de tantos [...]. Y quería saber cómo lograr lo contrario: un reino de verdad, amor, sinceridad, dignidad humana, honradez, independencia, libertad, plenitud espiritual.

Una crisis —más de conciencia que de identidad— revela a Tolstói que su vida ha estado vacía. Escribe entonces *La muerte de Iván Illich*, un relato magistral sobre la vida de un alto funcionario que descubre, al final de sus días, que toda su existencia ha sido un ridículo error. El joven Tolstói había explorado todos los placeres de la vida, sin permitir que le estorbaran las objeciones morales. El escritor maduro, arrepentido de esos errores, decide seguir un estricto ideal ético basado en el regreso al cristianismo primitivo.

En sus últimos años, abrumado por su fama y sus posesiones, quiere ser un hombre anónimo, un simple trabajador. Se ha negado a instalar electricidad y agua corriente en su finca Yásnaia Poliana, donde siega y cuida sus manzanos. Su ética se condensa en una frase: «No hay regla moral más simple que la de hacer que los otros nos sirvan lo menos posible y que uno sirva a los demás cuanto más mejor». Para no quedarse en las palabras, se desprenderá de su patrimonio y lo repartirá entre los pobres.

Un personaje inolvidable de Dostoievski, el anciano Zósima, recorrió Rusia en su juventud con otro monje, pidiendo limosna para su monasterio. De aquel lejano viaje recuerda este episodio:

> *Una noche cenamos con unos pescadores a la orilla de un gran río navegable. Se sentó junto a nosotros un joven campesino bien parecido. Podría tener dieciocho años. Quería llegar a su destino para remolcar una barcaza de mercancías. Tenía una mirada dulce y limpia. Era una noche clara, tranquila y calurosa, típica de julio. Del río subía un vaho que nos refrescaba. De vez en cuando saltaba algún pez. Los pájaros se habían callado, sólo se respiraba paz y todo invitaba a la oración. Aquel joven y yo éramos los únicos que no dormíamos, hablando de la belleza del mundo y su misterio. Cada hierba, cada escarabajo, una hormiga, una abeja dorada, todos interpretaban su papel de manera admirable, por instinto, y atestiguaban el misterio divino, pues lo cumplían continuamente.*

La escena concluye así:

> *«¡Qué buenas y maravillosas son todas las obras de Dios!», exclamó el joven. Me di cuenta de que había comprendido. Se durmió a mi lado con un sueño ligero e inocente. ¡Que el Señor bendiga a la juventud! Antes de dormirme recé por él. ¡Señor, envía la paz y la luz a los tuyos!*

Fiódor Dostoievski
Los hermanos Karamazov

El afán permanente de Christian Bobin (1951-2022), uno de los mejores escritores franceses de su generación, fue buscar la alegría de vivir en lo más cotidiano y prosaico, «rebuscar en lo que el mundo rechaza y encontrar oro». En cierta ocasión, escribe:

> *Cosas innegablemente reales: el hambre. El frío. La poesía, toda la poesía. Mozart. El dolor de muelas. La dicha. La luz de las estaciones del año. Las voces que no oiremos más. El deseo de justicia. La falta de amor. La dicha, una vez más, sobre todo.*

Christian Bobin
Autorretrato con radiador

En el bosque donde vivía, Bobin pulía como un orfebre curiosos libros que hablaban del gozo, del asombro y de todo eso que hace hermosa la vida a pesar del dolor, de la estupidez y de la muerte.

> *Dios mío, por qué habéis inventado la muerte, por qué habéis permitido que venga una cosa semejante. Es tan agradable la vida en la tierra. Vuestro paraíso tendrá que ser deslumbrante para que la ausencia de esta vida terrenal no se haga sentir en él. Necesitaréis ingenio para darme una alegría tan pura como la del aire fresco de una mañana de abril. Sí, necesitaréis mucho talento y por consiguiente amor, para que no llegue a vuestro paraíso ninguna nostalgia de esta vida, herida, pequeña, muda.*

La pasión de Bobin por bucear en el misterio de lo cotidiano producirá un libro admirable: *Autorretrato con radiador*. «Cada mañana tengo una cita con la belleza del mundo», declara en sus páginas. Una de esas mañanas permanece acostado en duermevela, con los ojos cerrados y el oído atento al rumor del mundo que entra por la ventana entreabierta. A lo lejos, pasan unos coches. Algo más cerca, los jirones de una conversación. En primer plano, unos trinos de pájaros que parecen gotas de luz.

> *Esta percepción matutina de los sonidos del mundo me produce, desde mi más tierna infancia, una dicha enorme. Es ella quien me enseña de nuevo la gracia de estar vivo. Todo está ahí, no falta nada. Dentro de unos minutos me puedo levantar. También puedo quedarme en la cama hasta el último de mis días. Mientras me decido, disfruto con el sonido que hace el mundo cuando yo no estoy en él.*

Etty Hillesum es holandesa. Ha estudiado Derecho, Lenguas Eslavas y Psicología. En 1942 tiene 27 años y trabaja para el Consejo Judío, órgano que actúa de puente entre los nazis y la población judía. El verano de ese año se ofrece voluntaria y es enviada por el Consejo, como asistente y enfermera, al campo de refugiados de Westerbork, en la campiña holandesa de Drenthe. Su precaria salud provoca en varias ocasiones su hospitalización en Ámsterdam, desde donde escribirá numerosas cartas. Esas misivas y un diario que llena varios cuadernos nos permiten conocer la profunda evolución interior de la muchacha.

En sus años universitarios, Etty no practica ninguna religión y Dios no cuenta en su vida. Todo cambia cuando su amigo Julius Spier, psicólogo, le aconseja leer la Biblia y rezar. Lo hará en medio de la barbarie que percibe en su entorno. Un día escribe en el diario:

> *Las amenazas y el terror crecen día a día. Me refugio en la oración como si fuera un muro oscuro que ofrece seguridad, o la celda de un convento. De ahí no salgo, pues estoy muy recogida, concentrada y fuerte.*
>
> Etty Hillesum
> *Diario*

Como San Agustín, Etty va descubriendo el tesoro que hay en su interior.

> *Dentro de mí hay un pozo muy profundo. Y ahí dentro está Dios. A veces me es accesible. Pero a menudo hay piedras y escombros taponando el pozo. Entonces Dios está enterrado y hay que desenterrarlo de nuevo.*

Etty conoce de primera mano todo lo que está aplastando la apisonadora nazi, pero no se deja arrebatar la serenidad.

> *Quieren nuestra completa destrucción. Ahora lo sé con certeza. A pesar de todo, la vida está llena de sentido, aunque apenas me atrevo a comentar esto ante los demás.*
>
> *No estoy amargada y no me rebelo. Tampoco estoy desanimada, ni estoy resignada en absoluto.*
>
> *Quisiera ser un bálsamo derramado sobre tantas heridas.*

Distintas expresiones de su *Diario* hablan de un coloquio confiado con Dios, en medio de lo cotidiano. Así, un día brota esta oración mientras va en bicicleta por la calle:

> *Dios, cógeme de tu mano, te acompaño obedientemente, sin resistirme. No rehuiré nada de lo que me llegue en la vida, lo asimilaré con todas mis fuerzas. Pero dame de vez en cuando algún momento de tranquilidad.*
>
> *Me gusta estar protegida por el calor y la seguridad, pero aceptaré la intranquilidad y la lucha que puedan venir. Tampoco me rebelaré si mi interior se enfría, siempre y cuando sea de tu mano.*
>
> *Iré a todas partes de tu mano y procuraré no tener miedo. Intentaré irradiar algo del amor, del verdadero amor humano que hay en mí, en cualquier parte que esté.*

Etty volverá sobre este tema en el último cuaderno de su diario, cuando la situación se ha vuelto insostenible para los judíos de los países ocupados por Alemania:

> *Amo tanto al prójimo porque amo en cada persona un poco de Ti, mi Dios. Te busco por todas partes en los seres humanos, y a menudo encuentro un trozo de Ti. Intento desenterrarte de los corazones de los demás.*
>
> *Corren malos tiempos, Dios mío. Con cada latido del corazón tengo más claro que tú no nos puedes ayudar, sino que debemos ayudarte nosotros a Ti, que debemos defender hasta el final el lugar que ocupas en nuestro interior.*

> *Pienso mantener muchísimas conversaciones contigo, y de esta forma impediré que huyas de mí. Tú también vivirás pobres tiempos en mí, Señor, en los que no estarás alimentado por mi confianza. Pero, créeme, seguiré trabajando por Ti, te seré fiel y no te echaré de mi interior.*

Etty va sintiendo y viviendo una solidaria compasión, que hace realidad esta frase al final de su *Diario*, el 13 de octubre de 1942:

> *He partido mi cuerpo como el pan y lo he repartido entre los hombres.*

En la última carta que pudo hacer llegar a su amiga más íntima, Henny Tideman, le dice:

> *Esta tarde estaba descansando en mi camastro y he tenido el impulso repentino de escribir en mi diario estas palabras: «Tú, que me has dado tanto tanto, Dios mío, permíteme también dar a manos llenas. Mi vida se ha convertido en un diálogo ininterrumpido contigo, en una larga conversación. Cuando estoy en algún rincón del Campo, con los pies en la tierra y los ojos mirando al cielo, siento el rostro anegado en lágrimas, única salida de la intensa emoción y de la gratitud. A veces, por la noche, tendida en el lecho y en paz contigo, también me embargan lágrimas de gratitud, que constituyen mi plegaria».*

Etty Hillesum
El corazón pensante de los barracones

11. Un sentido a la muerte

¿Has visto, en una tarde triste de otoño, caer las hojas muertas? Así caen cada día las almas en la eternidad: un día, la hoja caída serás tú.

Josemaría Escrivá de Balaguer
Camino

La muerte es la verdad más cierta en el horizonte de todo ser humano, y también la más desconcertante. Por eso ha estado y estará presente en la mejor literatura, desde sus comienzos. En la guerra de Troya, ella es tan protagonista como sus héroes Eneas y Aquiles, Héctor y Ulises. Así la describe Homero, con una elegancia y un realismo que sobrecogen al lector:

Allí donde la lucha era más encarnizada, allí se lanzaba Agamenón, y tras él corrían los aqueos segando las cabezas de los troyanos. Los infantes mataban a los infantes, los jinetes mataban a los jinetes, y corrían los caballos de soberbias cabezas arrastrando carros vacíos y llorando por los aurigas que ahora yacían en el suelo, más amados por los buitres que por sus propias esposas.

Homero
Ilíada

Pero el sentido de la muerte no está en el campo de batalla. Sócrates se despide definitivamente de uno de sus discípulos con esta maravillosa observación:

Ahora nuestros caminos se separan, Critón. El mío, hacia la muerte. El tuyo, hacia la vida. ¿Cuál de los dos caminos es el mejor? No lo sabemos. Solo los dioses lo saben.

La gran literatura no aborda la muerte con un discurso científico. Lo hace desde una reflexión filosófica y religiosa, únicos puntos de vista adecuados al carácter definitivo y misterioso del final de la vida. Platón se atrevió a decir que la filosofía es, en el fondo, una meditación sobre la muerte. Con otras palabras, una búsqueda de su sentido, de la puerta escondida que quizá nos permite pasar a otro mundo. Porque, si todo acaba con el último latido, como piensa el materialismo, nuestro inevitable final no tiene ningún sentido. Solo podemos hablar de sentido cuando la muerte no tiene la última palabra. Cito de nuevo a Christian Bobin:

Me pregunto dónde estás. El cementerio, la tierra, el ataúd, eso no me basta como respuesta. La última verdad no es un agujero en la tierra. Es el carácter infinito del amor recibido a veces. Un segundo basta para experimentarlo y comprender que ese infinito necesita un lugar infinito. Un agujero en la tierra no es lo bastante grande para contenerlo.

Christian Bobin
Autorretrato con radiador

Platón nos transmitirá, en el mito de Er, el testimonio de un soldado que volvió de la muerte para contar a sus compañeros lo que había visto en el Hades: el juicio a los muertos y las sucesivas reencarnaciones de las almas, antes de gozar de la bienaventuranza perpetua o de sufrir un castigo sin fin. Suponemos que el filósofo ateniense conoció esas doctrinas mistéricas durante su estancia en Egipto.

Los egipcios se hacían enterrar con el *Libro de los Muertos*. Conscientes de que se jugaban la vida ultraterrena, querían tener a mano, ante el tribunal de Osiris, una apañada confesión general:

> *Traigo en mi corazón la verdad y la justicia, pues he arrancado de él todo mal.*
> *No he hecho sufrir a los hombres.*
> *No he tratado con los malos.*
> *No he cometido crímenes.*
> *No he hecho trabajar en mi provecho con abuso.*
> *No he maltratado a mis servidores.*
> *No he privado al necesitado de lo necesario para la subsistencia.*
> *No he hecho llorar.*
> *No he matado ni mandado matar.*
> *No he tratado de aumentar mis propiedades por medios ilícitos, ni de apropiarme de los campos de otro.*
> *No he manipulado las pesas de la balanza.*
> *No he mentido. No he difamado.*
> *No he escuchado tras las puertas.*
> *No he cometido jamás adulterio.*
> *He sido siempre casto en la soledad.*
> *No he cometido con otros hombres pecados contra la naturaleza.*
> *No he faltado jamás al respeto debido a los dioses.*

Tradición sapiencial egipcia
Libro de los Muertos

El año 373, en la franja romanizada del norte de África, a un joven de 19 años se le muere el mejor de sus amigos y acusa el golpe con este patetismo:

¡Qué angustia ensombreció mi corazón! Todo a mi alrededor me hablaba de la muerte. Mi ciudad natal se convirtió en un suplicio; la casa de mis padres, en una completa desolación. El recuerdo de lo que había compartido con él era un tormento insufrible. Mis ojos le buscaban constantemente, y él no estaba. Llegué a odiarlo todo, porque todo estaba vacío de él. Solo llorar me consolaba.

San Agustín
Confesiones

Sin ser cristiano, ese joven cree en la vida perdurable más allá de la muerte, y en el juicio a los muertos. Lo cree con más convencimiento que Sócrates, Platón, los egipcios y los estoicos, a los que conoce muy bien. Lo pondrá de manifiesto años más tarde, ya bautizado, en una larga oración escrita, titulada *Confesiones*:

Lo único que me frenaba era el miedo a la muerte y a tu juicio futuro. Este miedo nunca se apartó de mi pecho, aún en medio de mi confusión de ideas. Yo discutía con Alipio y Nebridio sobre el bien y el mal, y me hubiera gustado dar la razón a Epicuro, pero creía que después de la muerte queda la vida del alma y la sanción de nuestras acciones, cosa que Epicuro no quiso creer.

Cuando nuestro protagonista se bautice, morirán poco después otros dos excelentes amigos, ambos cristianos, pero su reacción será muy diferente a la que ya conocemos:

A cambio de aquella finca que Verecundo ponía a nuestra disposición, donde descansábamos del barullo del mundo, le darás la amenidad de tu paraíso de eterna primavera, después de perdonarle los pecados cometidos en la tierra.

Nuestro amigo Nebridio era un buscador apasionado de la verdad. Poco después de nuestra conversión, también él se bautizó y se hizo católico, y tras servirte en África junto a los suyos, en castidad y continencia perfectas, después de haber convertido a la fe cristiana a toda su familia, le liberaste de los lazos de la carne. Ahora vive en aquel lugar sobre el que tantos interrogantes me planteaba a mí, hombrecillo ignorante. Ahora bebe directamente de tu fuente y es infinitamente feliz.

La muerte es una verdad tan dura como difícil de asimilar. El castellano Jorge Manrique (1440-1479) fue capaz de abordarla en versos sumamente inspirados, logrando una rara mezcla de inteligencia, sentimiento y belleza literaria. Versado en las armas y las letras, el poeta murió sin cumplir los 40, pero nos regaló 40 estrofas perfectas escritas a la muerte de su padre, el Maestre don Rodrigo. Pasmosa elegía a la altura de la mejor poesía española de todos los tiempos. Con una magia especial. Con el máximo virtuosismo técnico al servicio de una visión cristiana de la vida y de la muerte, tan profunda como sencilla y conmovedora.

I. Recuerde el alma dormida,
avive el seso y despierte
contemplando
cómo se pasa la vida,
cómo se viene la muerte
tan callando;
cuán presto se va el placer;

cómo después de acordado
da dolor;
cómo a nuestro parecer
cualquiera tiempo pasado
fue mejor.

V. Este mundo es el camino
para el otro, que es morada
sin pesar;
mas cumple tener buen tino
para andar esta jornada
sin errar.
Partimos cuando nacemos,
andamos mientras vivimos,
y llegamos
al tiempo que fenecemos;
así que, cuando morimos,
descansamos.

Jorge Manrique
Coplas a la muerte de su padre

El sentido trascendente de la vida, su continuidad más allá de la muerte, está apoyado por la trayectoria histórica de la humanidad, por sus grandes manifestaciones artísticas, por la teología y por la mejor argumentación filosófica.

Hay quien piensa que la muerte acaba con todo, pero lo único cierto es que acaba con todo el cuerpo: se rompen las cadenas moleculares y se derrumba el edificio biológico. Lo que era «uñas, carne, sudor, vísceras, dientes», se convierte «en tierra, en polvo, en humo, en sombra, en nada». Pero el carácter de un hombre o de una mujer, sus cualidades, sus intenciones y sus afectos no pertenecen a sus uñas, a sus vísceras o a sus moléculas.

Son realidades completamente diferentes. Por eso dice Quevedo:

No me aflige morir [...].
Siento haber de dejar deshabitado
Cuerpo que amante espíritu ha ceñido.

La expresión deshabitar un cuerpo es insuperable. Viene a decir que la muerte sobreviene cuando el espíritu abandona al cuerpo y lo deja vacío y deshabitado. García Lorca, para referirse al cadáver de su amigo Sánchez Mejías, escribe:

Estamos con un cuerpo presente que se esfuma,
Con una forma clara que tuvo ruiseñores.

La intuición del poeta llama ruiseñores a todas las cualidades insignes de su amigo, y le lleva a sospechar que la muerte no acaba con ellas:

Yo quiero que me enseñen dónde está la salida
Para este capitán atado por la muerte.

Un capitán atado no es un capitán muerto, y una muerte que ata no es una muerte que aniquila: es una muerte que cae como el telón sobre la escena de este gran teatro del mundo, y oculta al actor de los espectadores.

Hace años, cuando la muerte acechaba al poeta Vicente Aleixandre, su amigo Dámaso Alonso, también poeta, le animaba con palabras entrañables:

No tengas miedo, Vicente. Tú no has de sentir el choque de la bestia fría que te derribe: barco sobre el ancla, te bastará un pequeño impulso para empezar la gran navegación.

Dámaso hablaba de los muertos inmortales, pensaba que ganamos la inmortalidad a través de la muerte, y que el cementerio es el huerto donde piadosamente sembramos a nuestros difuntos con esperanza de cosecha inmortal.

Antonio Machado se preguntaba si ha de morir también el mundo mágico donde se guardan los recuerdos de los momentos más puros de la vida: el primer amor y todos los amores que llegaron al alma, aquella voz que nos rozó el corazón...:

¿Los yunques y crisoles de tu alma
Trabajan para el polvo y para el viento?

Cuando murió Leonor, el poeta abandonó Soria, la ciudad donde había trabajado y conocido a su joven esposa. Un día, desde el campo andaluz, enviará a su amigo José María Palacio estos delicados versos, para pedirle que se acerque al cementerio soriano «con los primeros lirios / y las primeras rosas de las huertas».

Palacio, buen amigo,
¿está la primavera
vistiendo ya las ramas de los chopos
del río y los caminos? En la estepa
del alto Duero, Primavera tarda,
¡pero es tan bella y dulce cuando llega!...

¿Tienen los viejos olmos
algunas hojas nuevas?
Aún las acacias estarán desnudas
y nevados los montes de las sierras.
¡Oh mole del Moncayo blanca y rosa,
allá, en el cielo de Aragón, tan bella!

¿Hay zarzas florecidas
entre las grises peñas,
y blancas margaritas
entre la fina hierba?
Por esos campanarios
ya habrán ido llegando las cigüeñas.
Habrá trigales verdes,
y mulas pardas en las sementeras,
y labriegos que siembran los tardíos
con las lluvias de abril. Ya las abejas
libarán del tomillo y el romero.
¿Hay ciruelos en flor? ¿Quedan violetas?
Furtivos cazadores, los reclamos
de la perdiz bajo las capas luengas,
no faltarán.
Palacio, buen amigo,
¿tienen ya ruiseñores las riberas?
Con los primeros lirios
y las primeras rosas de las huertas,
en una tarde azul, sube al Espino,
al alto Espino donde está su tierra...

12. Un Siglo de Oro

Un ejemplo excelente de literatura de ideas y sentimientos es la española de los siglos XVI y XVII. En sus mejores escritores bulle, hormiguea, hierve y ruge la vida en toda su pujanza, con una plenitud que alimenta tres pasiones: la intelectual, la religiosa y la estética. Estamos hablando del Siglo de Oro, expresión que se aplica por antonomasia a España y a su literatura, centrada en asuntos tan interesantes como atractivos:

* La inagotable polifonía del amor.
* La defensa de las letras y de las armas.

* El amor a la vida y el dolor por su fugacidad.
* El horizonte inevitable de la muerte.
* La vida como servicio a Dios y al rey.
* La pasión por la libertad, el honor y la fama.
* La belleza de un mundo hermoseado por su Creador.

La mejor cosecha de escritores en lengua castellana gana merecidamente para su época la denominación Siglo de Oro, aunque se extiende desde la aparición de *La Celestina* en Burgos (1499) hasta la desaparición de Calderón (1681). Nunca un siglo duró tanto. Si la civilización occidental ha producido las magníficas literaturas europeas y americanas, entre todas ellas la mayor demostración y acumulación de talento literario tiene lugar en la España del Renacimiento y del Barroco. Un alarde protagonizado por diez escritores portentosos, que ordenados según sus años de nacimiento quedan registrados así:

Fernando de Rojas (1465)
Garcilaso de la Vega (1501)
Fray Luis de León (1527)
San Juan de la Cruz (1542)
Miguel de Cervantes (1547)
Luis de Góngora (1561)
Lope de Vega (1562)
Tirso de Molina (1579)
Francisco de Quevedo (1580)
Calderón de la Barca (1600-1681)

Se trata de intelectuales en el amplio sentido de la palabra, formados en las aulas y en las artes liberales de Salamanca, Valladolid y Alcalá. Su amplia cultura, al ser universitaria, es grecorromana y cristiana. Conocen a Homero de memoria; imitan perfectamente a Horacio;

han estudiado el teatro de Sófocles y Terencio; han leído a Platón y Aristóteles, a Séneca y Cicerón, a San Agustín y a los Padres...

En el arranque del Siglo de Oro, *La Celestina* nos parece sencillamente incomparable, portentosa. Nos apabulla con el torrente verbal de sus protagonistas, en registros cultos y vulgares, desenfadados y severos, cómicos y trágicos. Suponemos que Rojas la compuso antes de cumplir treinta años, en un inexplicable alarde de estilo literario y experiencia de la vida. «Obra a mi parecer divina, si encubriera más lo humano», dijo Cervantes de ella.

En el s. XVII, el inicio de la decadencia política de España teñirá de desengaño la mirada de sus escritores. Así lo expresa Quevedo:

Miré los muros de la patria mía,
si un tiempo fuertes ya desmoronados,
de la carrera de la edad cansados,
por quien caduca ya su valentía.

Salime al campo: vi que el sol bebía
los arroyos del hielo desatados,
y del monte quejosos los ganados
que con sombras hurtó su luz al día.

Entré en mi casa: vi que, amancillada,
de anciana habitación era despojos,
mi báculo más corvo y menos fuerte.

Vencida de la edad sentí mi espada,
y no hallé cosa en que poner los ojos
que no fuese recuerdo de la muerte.

Cervantes y Calderón ven y sienten lo mismo que Quevedo: que el mundo pocas veces da lo que promete, que las ilusiones no se cumplen, que la vida parece un mal sueño...

Pues estamos
en mundo tan singular,
que el vivir sólo es soñar;
y la experiencia me enseña
que el hombre que vive, sueña
lo que es hasta despertar.

Estudiante en Madrid y Salamanca, soldado en Flandes y Lombardía, sacerdote y capellán real, Pedro Calderón de la Barca es, sobre todo, un dramaturgo original e irrepetible, que merece el título de genio tanto como Cervantes y Shakespeare.

En los mil quinientos versos de *El gran teatro del mundo* hay sabiduría, dominio técnico y belleza literaria. Cuando el Mundo, al final de la vida, despoja de sus papeles a los personajes, entabla un diálogo inolvidable con cada uno de ellos. Así habla con la Hermosura:

M —¿Qué has hecho tú?
H —La gala y la hermosura.
M —¿Qué te entregué?
H —Perfecta una belleza.
M —¿Pues dónde está?
H —Quedó en la sepultura.

La vida como teatro es una comparación que encontramos a menudo en la antigüedad grecolatina, sobre todo desde Séneca y los estoicos, así como en la predicación española del seiscientos. Hoy mismo a nadie le cuesta entender que el mundo es un gran tinglado donde cada uno representa un rol. Te levantas por la mañana e inmediatamente te colocas la máscara que te corresponde: madre ejemplar, jefe severo, ejecutiva agresiva, estudiante con exámenes, autónomo agobiado, funcionario aburrido... Y esa farsa, que desde el inicio de los tiempos representa cada uno, es lo que llamamos Civilización.

En la Civilización cristiana, el dramatismo de la existencia humana es muy superior al que observamos en Grecia y Roma, pues la muerte llama a cada personaje y le enfrenta al juicio divino, con la consiguiente condenación o salvación eterna. Calderón escribe *El gran teatro del mundo* en 1637. Dos años antes había compuesto *La vida es sueño*, drama filosófico que resulta apasionante y máximamente teatral, y que no está por debajo de *Antígona* o *Edipo rey*.

Yo sueño que estoy aquí
destas prisiones cargado,
y soñé que en otro estado
más lisonjero me vi.
¿Qué es la vida? Un frenesí.
¿Qué es la vida? Una ilusión,
una sombra, una ficción;
y el mayor bien es pequeño,
que toda la vida es sueño,
y los sueños, sueños son.

Al entrar en crisis el optimismo renacentista, el hombre del Barroco duda, medita y no sabe a qué atenerse, pues la vida es ilusión y frenesí, sueño, sombra y ficción. Hoy hablamos de lo mismo con otras palabras y ninguna poesía: «modernidad líquida».

Al agustino Fray Luis de León se le considera uno de los filólogos más sobresalientes del siglo XVI. Su obra poética, publicada por Quevedo en 1631 e inspirada en los clásicos, especialmente en Horacio, lo sitúa entre los mayores creadores de la poesía española.

Le hubiera gustado llevar una existencia sencilla, dedicada a la contemplación, pero la vida académica en la Universidad de Salamanca le salpicó con envidias, celos y rencillas. Para colmo, la Inquisición le tuvo cinco años entre rejas. Por suerte, los agustinos poseían una granja en las afueras de la ciudad, y allí se retiraba fray Luis a descansar. Ese *locus amoenus* o espacio idílico —con su sombra de árboles, prado y agua— quedará inmortalizado en las 17 estrofas de la célebre *Oda a la vida retirada*. En las nueve últimas podemos apreciar el maravilloso conjunto que forman el paisaje, las ideas, los argumentos, los sentimientos y su hermosa expresión literaria.

9. Del monte en la ladera,
por mi mano plantado tengo un huerto,
que con la primavera
de bella flor cubierto
ya muestra en esperanza el fruto cierto.

10. Y como codiciosa
por ver y acrecentar su hermosura,
desde la cumbre airosa
una fontana pura
hasta llegar corriendo se apresura.

11. *Y luego, sosegada,*
el paso entre los árboles torciendo,
el suelo de pasada
de verdura vistiendo
y con diversas flores va esparciendo.

12. *El aire el huerto orea*
y ofrece mil olores al sentido;
los árboles menea
con un manso ruïdo
que del oro y del cetro pone olvido.

13. *Ténganse su tesoro*
los que de un falso leño se confían;
no es mío ver el lloro
de los que desconfían
cuando el cierzo y el ábrego porfían.

14. *La combatida antena*
cruje, y en ciega noche el claro día
se torna, al cielo suena
confusa vocería,
y la mar enriquecen a porfía.

15. *A mí una pobrecilla*
mesa de amable paz bien abastada
me basta, y la vajilla,
de fino oro labrada
sea de quien la mar no teme airada.

16. *Y mientras miserable-*
mente se están los otros abrazando
con sed insaciable
del peligroso mando,
tendido yo a la sombra esté cantando.

17. *A la sombra tendido,*
de hiedra y lauro eterno coronado,
puesto el atento oído
al son dulce, acordado,
del plectro sabiamente meneado.

Fray Luis de León
Oda a la vida retirada

18. El mundo afectivo

Una querencia tengo por tu acento,
Una apetencia por tu compañía,
Y una dolencia de melancolía
Por la ausencia del aire de tu viento.

Miguel Hernández

Los seres humanos no vemos a nuestros semejantes como cuerpos neutros, sino como personas con una riqueza interior que despierta en nosotros sentimientos de compasión o repulsa, aprecio o desprecio, admiración o envidia... Se nos define como animales racionales, pero no somos menos sentimentales. Un soldado tan templado como el Cid, a punto de partir hacia el destierro, queda inmortalizado así en el primer verso de su *Cantar de gesta*:

De los sus ojos tan fuertemente llorando...

Por configurar interna y externamente al ser humano, y también por su carácter voluble y con frecuencia conflictivo, los sentimientos son la materia más querida y trabajada por la literatura. Pero su tratamiento no es fácil, pues crecen y se multiplican en el interior de cada persona formando enjambre. Además, resultan escurridizos, complejos y mal conocidos. Al escritor no le resulta sencillo saber qué deben y cómo deben sentir sus personajes. Aristóteles ilustra esa dificultad con un excelente ejemplo:

> *Enfadarse es algo muy sencillo, al alcance de cualquiera. Pero enfadarse con la persona que lo merece, en el grado exacto, en el momento oportuno, con el propósito justo y del modo correcto, eso no tiene nada de sencillo.*

Veamos la extraordinaria fuerza de Raymond Carver al expresar el sufrimiento de una mujer:

> *A partir de entonces, a partir del día en que te fuiste, ya nada me importaba. Ni los niños, ni Dios, ni nada. Era como si no supiera qué cataclismo me había fulminado. Era como si de pronto hubiera dejado de vivir. Había ido viviendo año tras año, y de pronto la vida cesaba. No se detenía sin más, sino con un chirrido horrible. Pensé: si para él no valgo nada, tampoco valgo nada para mí misma, para nadie. Eso fue lo peor. Sentía que se me iba a romper el corazón. ¿Qué digo? Se me había roto. Así, sin más. Y sigue roto, si te interesa saberlo. Esa es la verdad, en pocas palabras. Lo puse todo en ti: todos los huevos en la misma cesta. Eso es lo que hice. Todos los huevos podridos en la misma cesta.*

Raymond Carver
Tres rosas amarillas

Hacia 1900, en Texas, ruindad y pobreza empujan a unos padres a enviar a una de sus hijas, muy niña, a servir en el hotel de un poblado minero. Allí tendrá que trabajar desde el amanecer, fregando, lavando, haciendo camas y acarreando leña como una mujer adulta. Una noche, al llegar a su habitación, en el tercer piso,

> *Lena encendió un cabo de vela y, rendida, se sentó en su silla de madera. Tenía once años; era delgada y estaba desnutrida. Le dolían la espalda y las extremidades, pero lo más difícil de soportar era la pena. Una última gota había desbordado el vaso de sus pesares. Le habían quitado a Grimm. Todas las noches, por más cansada que estuviera, Lena se había sumergido en Grimm en busca de aliento y esperanza. Y todas las noches Grimm le había susurrado que el príncipe del país de las hadas llegaría tarde o temprano a librarla del malvado hechizo. Noche tras noche, Grimm le había contagiado fuerza y coraje renovados.*
> *[...]*
> *Pero el día anterior mistress Maloney había encontrado el libro en el cuarto y se lo había llevado, afirmando tajantemente que las sirvientas no debían leer por la noche; perdían horas de sueño y al día siguiente trabajaban como atontadas. Pero ¿puede una niña de solo once años que vive lejos de su madre y nunca tiene tiempo para jugar, vivir sin que le dejen leer a Grimm? Pruébenlo ustedes y verán lo difícil que es.*
> *[...]*
> *Lena abrió la tapa de una caja vacía, que en otra época había contenido maíz, y sacó un lápiz y una hoja de papel. Iba a escribir a su madre [...]. El cabo de vela se estaba consumiendo, de modo que Lena se apresuró a sacar punta al lápiz y empezó. He aquí la carta que escribió:*

Querida mamá:

Tengo muchas ganas de verte. ¿Y Gretel, y Claus, y Heinrich, y el pequeño Adolf? Estoy muy cansada. Quiero verte. Hoy mistress Maloney me ha castigado y me ha dejado sin cena. No he podido traer bastante leña porque me había hecho daño en la mano. Ayer se llevó mi libro. Eran los Cuentos de hadas de Grimm que me había regalado tío Leo. No le hace daño a nadie que yo lea. Intento trabajar lo mejor que puedo, pero hay mucho que hacer. Solo leo un poco por las noches. Querida mamá, te diré lo que voy a hacer Si mañana no me mandas a buscar para que me lleven a casa, iré a un lugar que conozco, donde el río es muy profundo, y me ahogaré. Ya sé que ahogarse es pecado, pero quiero verte a ti y a nadie más. Estoy muy cansada y Tommy espera que le dé la carta. Si lo hago, mamá, perdóname.

Tu hija que te respeta y te quiere mucho,
Lena

Hace un siglo, el norteamericano William Sydney Porter, conocido como O. Henry, escribió en 10 páginas un magnífico cuento titulado *Un príncipe del Chaparral*. En los párrafos transcritos ha despertado la compasión del lector con una sabia acumulación de motivos: la discutible decisión de los padres de Lena, la edad e inocencia de la niña, la dureza de su trabajo, la insensibilidad de mistress Maloney y la alarmante carta.

Nada más humano que la fauna sentimental. La gran literatura y el mejor cine —expresiones privilegiadas de lo humano— son el reino de los sentimientos y de las pasiones. No habría Odisea sin amor a Penélope; ni guerra de Troya sin rapto de Helena; ni don Quijote sin Dulcinea; ni Melibea sin Calisto; ni Raskólnikov sin Sonia; ni Julieta sin Romeo; ni Yuri Zhivago sin Lara. Y sin esos sentimientos, la vida no merecería llamarse vida.

Conviene saber que Rousseau, uno de los padres indiscutibles de nuestra modernidad, otorga a los sentimientos la dirección de la conducta humana. Hasta entonces, era la razón quien llevaba las riendas, pero el ginebrino sustituye el deber moral por la inclinación sentimental, en un quejumbroso discurso que niega la responsabilidad del individuo y culpa de todos sus males al perverso proceso civilizador de la sociedad. Desde Rousseau, en la educación del niño, el bien y la verdad se deben humillar ante la ley del gusto. En esa estela, el romanticismo provocará un verdadero desbordamiento sentimental. La afectividad, concentrada en la nebulosa noción de felicidad, será considerada no ya como una función vital, sino como la más importante de todas.

Llamamos pasiones a los sentimientos especialmente intensos. Desde antiguo se las describe como agitaciones anímicas acompañadas de alteración corporal. Toda pasión es una subida de tensión sentimental, una hipertrofia emocional. Su intensidad se manifiesta en una fuerte concentración de la atención, capaz de reducir el resto del mundo a ruido de fondo. Esa concentración de la atención se vive como ceguera para todo lo demás. Cegado por la pasión de poder, Macbeth no ve otra cosa que la deseada corona; por eso dice, con asombrosa lucidez, que «nada existe para mí sino lo que no existe todavía».

Una pasión no controlada fue la causa de la locura de don Quijote, a quien «se le pasaban las noches leyendo de claro en claro, y los días de turbio en turbio; y así, del poco dormir y del mucho leer se le secó el cerebro, de manera que vino a perder el juicio».

Otra pasión descontrolada acaba de forma trágica para Calisto y Melibea. «Yo melibeo soy, y a Melibea adoro, y en Melibea creo, y a Melibea amo», dice Calisto. Y le responde su criado Sempronio que «harto mal es tener la voluntad en un sólo lugar cautiva». Por esa voluntad sofocada, Melibea no quiere sobrevivir a Calisto, y antes de quitarse la vida exclama: «Cuán cautiva tengo mi libertad, cuán presos mis sentidos de tan poderoso amor del muerto caballero».

Los clásicos griegos y romanos pensaron que la amistad era el más noble de los afectos, y también el más necesario. Necesitan amigos el rey más encumbrado y el mendigo más menesteroso. Shakespeare pone en boca de su *Ricardo II* esta sabrosa reflexión:

> *Permaneced cubiertos, súbditos míos. No os burléis de la carne y de la sangre con vuestros solemnes respetos. Mandad a paseo la reverencia, la tradición, el protocolo y la etiqueta. Hasta ahora os habéis engañado respecto a mí. Vivo de pan como vosotros, y como vosotros tengo necesidades, experimento el dolor, no puedo pasar sin amigos. Estando así esclavizado, ¿cómo podéis decirme que soy rey?*

Entre los clásicos aludidos, destacan por su tratamiento de la amistad Homero, Platón y Aristóteles; Cicerón, Séneca y San Agustín. La primera literatura occidental, desde que Homero saca a pasear a Ulises por Troya y el Egeo, ya elogia esa relación que presta al encuentro entre los seres humanos un colorido especial. La relación amistosa es fruto del convivir compartiendo. Aristóteles plasma este rasgo esencial en una inesperada descripción costumbrista:

> *Amistad es convivir y desear para el amigo lo mismo que para sí. Y aquello en lo que ponemos el atractivo de la vida es lo que deseamos compartir. Por eso, unos beben juntos, otros disfrutan con el mismo juego, o practican el mismo deporte, o salen de caza, o charlan sobre Filosofía.*

La memoria de esa estrecha convivencia dicta a Natalia Ginzburg este sentido recuerdo de un amigo muerto:

> *Nuestro amigo murió en verano. Nuestra ciudad, en verano, está desierta y parece muy grande, clara y sonora como una plaza. No estaba ninguno de nosotros. Poco después de su muerte fuimos a la colina. Había caseríos con mazorcas, la hierba segada tendida a secar sobre sacos. Contemplamos cómo caía la noche de septiembre sobre las riberas cubiertas de hierba y los campos arados. Era el paisaje que él amaba, al borde de la ciudad y en los límites del otoño. Éramos todos muy amigos, y nos conocíamos desde hacía muchos años, personas que habían trabajado y pensado siempre juntas. Como suele ocurrir entre quienes se quieren y han sufrido una desgracia, tratábamos de querernos más y de ayudarnos y protegernos unos a otros, porque sentíamos que él, de alguna manera suya misteriosa, siempre nos había ayudado y protegido.*

Natalia Ginzburg
Las pequeñas virtudes

En las cartas de Etty Hillesum a Osias Kormann apreciamos una hermosa y sorprendente amistad:

> *Osias: ¿Podrá alcanzarte mi voz en medio de todo lo que os sucede en los últimos tiempos? ¿Cómo vives ahora? Seguro que trabajas día y noche, y así te anegará la desesperación. ¿Pasas hambre? ¿Por qué soy tan tonta de estar enferma en vez de volver con vosotros?*
>
> *Cuando yo estaba allí, ¿era Westerbork un lugar idílico comparado con lo que es ahora? ¡Qué hermosos paseos dimos junto a la alambrada de púas y qué buenos amigos éramos! En tan poco tiempo y tan buenos amigos... ¿Tienes tiempo de dedicarme un pensamiento amistoso? ¿Podrás sacar fuerza de este gran sentimiento mío de amistad hacia ti, que es constante?*
>
> Etty Hillesum
> *El corazón pensante de los barracones*

En otra carta se despide así:

> *Osias Kormann, fiel amigo de los campos de Drenthe, qué extraño es esto que llamamos vida, ¿verdad? Te saludo y siento un gran afecto por ti.*

¿Cómo sería el hombre que cautivó a Etty? Sabemos que Kormann, veinte años mayor que ella, se ocupaba del alojamiento en los barracones. Vigilaba el orden, la limpieza y la distribución de alimentos. Se encargaba de llevar los zapatos a remendar y la ropa a zurcir. Con una población tan inestable, a menudo se encontraba sobrecargado de trabajo.

¿Qué podían compartir Etty Hillesum y Osias Kormann? Muchas cosas y muy profundas. El amor a la vida; la decisión inquebrantable de ayudar a sus compañeros de infortunio; un sentido de la existencia y del dolor; una visión del hombre y una concepción de Dios. Kormann se salvó y emigró en 1946 a Estados Unidos, donde pudo volver a reunirse con su familia. Etty murió en Auschwitz el 30 de noviembre de 1943. Desde el tren de la muerte, en el que viajó tres días con su familia y un millar de inocentes, arrojó una tarjeta postal dirigida a sus amigos. Con una sola línea escrita a lápiz:

Vosotros me esperaréis, ¿verdad?

19. Palabras de amor

¿Y qué es el tiempo, todos estos días,
semanas, meses, años, y qué es el clamoroso
azul de los veranos, y las flores
veniales del almendro, y las vendimias de oro,
y la nieve de Torla,
y el escándalo de la primavera que llega
con los pechos así, si tú no estás
para darle a la vida un sentido y un orden,
para que cuanto existe tenga por tu presencia
un antes, un después y un mientras tanto?

Miguel d'Ors

Con permiso de griegos y romanos, podemos afirmar que el rey de los sentimientos es el amor. En el más común de sus sentidos se refiere a un tipo especial de relación entre hombre y mujer, cuya profundidad se puede resumir en esta afirmación rotunda: No entiendo mi vida sin ti. Es lo que expresa la inmensa pregunta de Miguel d'Ors. Es lo que condensa Pedro Salinas en ocho versos llenos de sutileza:

Aún tengo en el oído
tu voz, cuando me dijo:
«No te vayas». Y ellas,
tus tres palabras últimas,
van hablando conmigo
sin cesar, me contestan
a lo que preguntó
mi vida el primer día.

Ya conocemos al teniente Jimmy Cross. Las cartas que llevaba estaban firmadas «con amor, Martha». Pero el joven comprendía que «amor» era solo un modo de despedirse, y no significaba lo que él a veces quería creer. A pesar de todo, guardaba las cartas en el fondo de la mochila y, al caer la tarde, después de un día de marcha, las desenvolvía con cuidado y pasaba la última hora de luz soñando con la chica. El teniente Cross, que se jugaba la vida minuto a minuto en la jungla, estaba enredado por el más fuerte y común de los sentimientos humanos, el más complejo y menos manejable. Podía no pensar en la muerte, pero no podía dejar de pensar en Martha. Manejaba con autoridad a los hombres de su pelotón, y una muchacha lo manejaba a él desde miles de kilómetros.

El amor, por ser el más humano e intenso de los sentimientos, es el gran protagonista de la literatura, el motor y el combustible de casi todas sus historias. Pero su misma fuerza es tan peligrosa que desemboca con frecuencia en la tragedia. La frivolidad irresponsable de Helena y Paris desencadenó la guerra de Troya (y los incomparables poemas homéricos). En la España del Renacimiento, la frivolidad irresponsable de Calisto y Melibea dará lugar a una obra maestra, que alcanza las cumbres shakesperianas un siglo antes de Shakespeare. Calisto y sus criados, Melibea y sus padres, Celestina y sus mancebas, representan sobre el escenario doce egoísmos que se aprovechan unos de otros, magistralmente trazados por Fernando de Rojas, que se cura en salud ante la Inquisición con un astuto aviso introductorio:

> *Síguese la Comedia o Tragicomedia de Calisto y Melibea, compuesta en reprehensión de los locos enamorados que, vencidos de su desordenado apetito, a sus amigas llaman y dizen ser su dios. Así mismo fecha en aviso de los engaños de las alcahuetas y malos y lisonjeros sirvientes.*

Los griegos no se equivocaron al representar a ese dios menor como un niño travieso que revolotea por todas partes y dispara flechas que producen una dulce y peligrosa herida. Heridos y locamente enamorados cayeron Calisto y Melibea, lo que en parte justifica el error que cometen al elegir el torpe atajo que les brinda Celestina, con su merecida reputación de puta vieja, hechicera y alcahueta.

El generoso significado de la palabra *amor* designa también las relaciones entre una persona y sus padres, sus hijos, sus amigos, sus ideales, su patria, la naturaleza..., así como esa personalísima relación que solo el ser humano puede entablar con Dios.

Todos los poemas de San Juan de la Cruz tienen el mismo objeto: la relación del poeta con Dios. Esa singular referencia, plasmada de forma magistral en un puñado de versos, le convierte para muchos en el mejor poeta en lengua castellana. Tal posición es de extraordinario mérito, pues fray Juan ha debido medirse con Góngora y Quevedo, con Calderón y Lope, con Antonio Machado y Garcilaso, con García Lorca y Pedro Salinas.

La vida de nuestro poeta religioso parece una novela de Dickens. Un 3 de diciembre de 1577, cuando tiene 35 años y colabora con Teresa de Ávila en la reforma de la orden Carmelita, desaparece misteriosamente. Santa Teresa, alarmada, escribe nada menos que al rey Felipe II, rogándole que encuentre al fraile. Fray Juan ha sido raptado por los carmelitas que se oponen a la reforma. Le han metido en el hueco de un muro que tiene el largo y el ancho de una tumba, con un ventanuco alto. Allí, durante nueve meses, con medio vaso de agua y tres rebanadas de pan seco al día, entre rigores y palizas, con la tinta y el papel que le ha pasado un carcelero benévolo, fray Juan irá gestando el más hermoso poema escrito en lengua castellana: un *Cántico espiritual* para expresar el amor entre el alma (la esposa) y su Creador (el Esposo). 40 liras y 200 versos, que empiezan de esta forma:

(Esposa)

¿Adónde te escondiste,
amado, y me dejaste con gemido?
Como el ciervo huiste,
habiéndome herido;
salí tras ti, clamando, y eras ido.

Pastores, los que fuerdes
allá, por las majadas, al otero,
si por ventura vierdes
aquél que yo más quiero,
decidle que adolezco, peno y muero.
Buscando mis amores,
iré por esos montes y riberas;

ni cogeré las flores, ni temeré las fieras,
y pasaré los fuertes y fronteras.

(Pregunta a las criaturas)

¡Oh bosques y espesuras,
plantadas por la mano del amado!
¡Oh prado de verduras,
de flores esmaltado,
decid si por vosotros ha pasado!
(Respuesta de las criaturas)

Mil gracias derramando,
pasó por estos sotos con presura,
y yéndolos mirando,
con sola su figura
vestidos los dejó de hermosura.

(Esposa)

¡Ay, quién podrá sanarme!
Acaba de entregarte ya de vero;
no quieras enviarme
de hoy ya más mensajero,
que no saben decirme lo que quiero.

Y todos cuantos vagan,
de ti me van mil gracias refiriendo.
Y todos más me llagan,
y déjame muriendo
un no sé qué que quedan balbuciendo.

San Juan de la Cruz
Cántico espiritual

Palabras de amor son también las de arrepentimiento, las que piden perdón a la persona amada y ofendida. Lope de Vega, altísimo poeta y dramaturgo incomparable, compaginó su prodigiosa producción con una intensa y desordenada vida sentimental. En 1614, en la recta final de su vida, siendo sacerdote, publicará *Rimas sacras*, un centenar de sonetos inspirados por el arrepentimiento y la confianza en Dios. Algunos críticos dudan de su sinceridad. Como no conocemos la interioridad de Lope, preferimos el beneficio de la duda, dejando que el lector responda a esta pregunta: ¿Hubiera podido el poeta escribir estos versos sin un amor a Dios tan grande como su oficio literario?

¿Qué tengo yo, que mi amistad procuras?
¿Qué interés se te sigue, Jesús mío,
que a mi puerta cubierto de rocío
pasas las noches del invierno oscuras?

¡Oh cuánto fueron mis entrañas duras
pues no te abrí! ¡Qué extraño desvarío
si de mi ingratitud el hielo frío
secó las llagas de tus plantas puras!

¡Cuántas veces el ángel me decía:
«Alma, asómate ahora a la ventana,
verás con cuánto amor llamar porfía!»

¡Y cuántas, hermosura soberana,
«Mañana le abriremos», respondía,
para lo mismo responder mañana!

Lope de Vega

ÍNDICE ONOMÁSTICO

Este libro se terminó de
editar en Madrid
el 19 de marzo de 2025,
festividad de San José.

BIBLIOTHECA
HOMO
LEGENS

Made in the USA
Monee, IL
10 September 2026

62769951R00079